KATI

YOUR BEST FRIEND

Kati K ist wie eine beste Freundin für ihre Follower*innen. Die Sängerin ist Expertin in Sachen Liebeskummer und gibt auf TikTok Tipps gegen Herzschmerz. Ihre Videos fühlen sich an wie eine Umarmung: Kati wird geschätzt für ihre tiefgründigen Fragen und tröstenden Worte. Anfang 2024 geht Kati auf große »Liebesbeweis«-Tour.

KATI K

YOUR BEST FRIEND

FISCHER

Aus Verantwortung für die Umwelt hat sich der Fischer Kinder- und Jugendbuch Verlag zu einer nachhaltigen Buchproduktion verpflichtet. Der bewusste Umgang mit unserern Ressourcen, der Schutz unseres Klimas und der Natur gehören zu unseren obersten Unternehmenszielen.

Gemeinsam mit unseren Partnern und Lieferanten setzen wir uns für eine klimaneutrale Buchproduktion ein, die den Erwerb von Klimazertifikaten zur Kompensation des CO_2-Ausstoßes einschließt.

Weitere Informationen finden Sie unter: www.klimaneutralerverlag.de

FSC www.fsc.org
MIX
Papier | Fördert gute Waldnutzung
FSC® C084279

Originalausgabe

Erschienen bei FISCHER New Media

Layout, Satz und Umschlaggestaltung: BUCH & DESIGN Vanessa Weuffel
Kleine Herzen, Musiknoten, Mikrophon, Flugzeug, Zettel, Brief mit Herz, Blue Flag, Fragenzeichen © Shutterstock
Alle anderen Illustrationen © Vanessa Weuffel
Handgeschriebener Text auf S. 146/147 © Kati K
Autorensticker-Foto © Sascha Wernicke

Druck und Bindung: Print Consult GmbH, München
Printed in Slovakia
ISBN 978-3-7335-5036-3

Vielleicht hast du dir immer einen Menschen gewünscht,
der dir bei deinem größten Kummer zur Seite steht.
Ich möchte gerne diese Person für dich sein.
Deine beste Freundin.

Ich widme dieses Buch meiner Community und all den
Menschen da draußen, die einen Safe Place brauchen, an
dem sie sich wohlfühlen und fallen lassen können.

Hier kann dein Herz heilen.

Dieses Buch ist wie ein Gespräch mit einer guten Freundin aufgebaut. Deshalb und aus Gründen der besseren Lesbarkeit verwende ich eine weibliche Ansprache, aber selbstverständlich sollen sich alle Menschen unabhängig von ihrem Geschlecht oder ihrer Sexualität angesprochen fühlen.

IN DIESEM BUCH GEHT ES UM …

YOUR BEST FRIEND KATI

Bevor wir einsteigen, möchte ich mich gern kurz vorstellen, für alle, die mir nicht folgen und noch nichts von mir »gehört« haben. Hey, ich bin Kati! Vielleicht bin ich dir schon mal auf deiner For-You-Page begegnet, oder du hast mich in einer Spotify-Playlist entdeckt. Ich bin Sängerin und Content Creatorin. Ich liebe es, meine Emotionen und Gedanken ganz offen mit dir zu teilen. Entweder in meiner Musik oder in meinen Daily Vlogs. Es gibt nichts Schöneres für mich, als mit euch allen Direct Messages hin- und herzuschicken und mit meinen Songs und Videos für euch da zu sein.

In diesem Buch möchte ich ein bisschen etwas über mich erzählen. Wie ich die schlimmsten Episoden in meinem Leben durchgestanden und neuen Mut geschöpft habe. Ich werde alle Karten auf den Tisch legen und Dinge mit dir teilen, die bisher kaum jemand von mir weiß. Nicht mal meine engsten Menschen um mich herum. Ich bin so dankbar, dass ich mit diesem Buch wie auch mit meiner Musik einen weiteren Weg gefunden habe, meinen Gefühlen freien Lauf zu lassen.

»Your best friend« begleitet dich durch den krassesten Heartbreak und andere Ausnahmesituationen. Ich werde dir alles an die Hand geben, was mir bei einer schlimmen Trennung, einer verlorenen Freundschaft und in einer dunklen Phase geholfen hat. In vielen Eintragelementen kannst du loswerden, was dir auf dem Herzen liegt und mit Vergangenem abschließen. Ich verspreche dir, egal, was für eine schwere Zeit du gerade vielleicht durchmachst: Du bist nicht alleine.

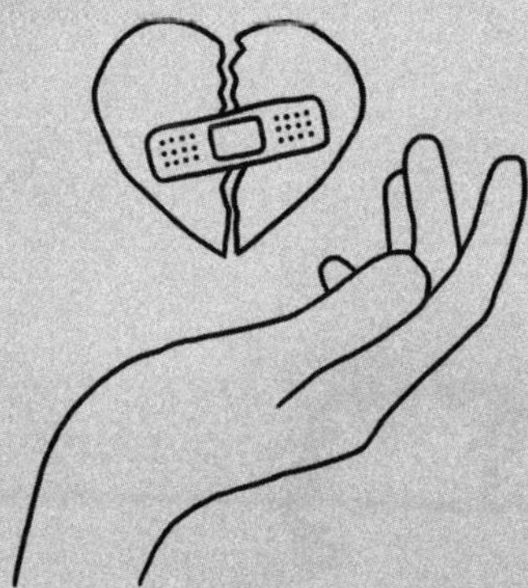

Dieses Buch ist auch ein Blick nach vorn: Es erwarten dich viele Tipps, wie du deine Träume verwirklichen kannst, wie aufrichtige Freundschaften entstehen können, was eine gesunde Beziehung ausmacht und noch vieles mehr. Viele tiefgründige Fragen sollen den Fokus darauf lenken, was im Leben wirklich zählt.

Ich freue mich riesig auf diese Reise mit dir.

Alles Liebe,

deine Kati K♡

Und wegen dir schlaf' ich wieder mal nicht ein

Bin wegen dir gefang'n in der Vergangenheit

Alle sagen mir: »Lass es einfach sein«

Doch mein Herz lässt dich einfach nicht los

Aus *Wegen dir*

HEART BREAK

DER ERSTE HEARTBREAK

Kannst du dich an den ersten Song erinnern, zu dem du geweint hast? Diese Frage hat mir damals eine Freundin gestellt, und sie hat mich sofort berührt. Weil ich genau einen Moment vor Augen hatte. Ich war gerade mal 13 Jahre alt und lag mit dem ersten großen Liebeskummer im Dunkeln im Bett. Auf meinem MP3-Player lief »Another Love« von Tom Odell. Und es flossen Tränen. Mehrere Stunden lang konnte ich mich nicht beruhigen. Und ich habe mich selbst gefragt, wie es möglich ist, so einen Schmerz zu spüren. Wird es jetzt immer so sein? Wird dieses schreckliche Gefühl niemals vergehen?

Mittlerweile weiß ich, dass Liebe mehr ist als der Schmerz, den ich gefühlt habe, als ich damals von meinem Schwarm sitzengelassen wurde. Ich habe gelernt, dass Mama und Papa recht haben mit ihrer Aussage, dass Liebe das Schönste auf der Welt sein kann. Trotzdem bin ich seit diesem Zeitpunkt irgendwie anders. Vorsichtiger und verletzbarer. Bis heute hat sich das nicht geändert. Doch eine Sache habe ich gelernt. Dass ein Herz heilen kann. Und den Prozess gehen wir ab sofort zusammen, okay?

Man sagt nicht umsonst, dass Liebeskummer mit einem schweren Drogenentzug vergleichbar ist. Es tut einfach unfassbar weh. Wenn ich an meine Liebeskummerphasen zurückdenke, verbinde ich diese Zeit immer mit einer

Art Lähmung: Ich konnte nicht essen, nicht schlafen, nicht denken. Selbst den einfachsten Aufgaben im Alltag konnte ich nicht nachgehen, weil der Liebeskummer mich komplett eingenommen hat.

Meinen ersten Liebeskummer hatte ich wie gesagt mit 13. Du erinnerst dich, Herzschmerzmusik auf den Ohren, rasende Gedanken, die mich wachgehalten haben. Ich war wirklich noch sehr jung. Das schließt aber nicht aus, dass man in diesem Alter keinen wirklichen Liebeskummer haben kann. Jedes Gefühl darf sein und ist in Ordnung. Ich glaube, der größte Fehler, den wir machen, ist uns einzureden, dass es ja gar nicht »so schlimm« ist, wie wir gerade empfinden. Aber das ist Bullshit. Wenn es sich für dich nach dem schlimmsten Heartbreak dieser Welt anfühlt, dann darfst du diese Gefühle und Emotionen ruhig zulassen.

An einen Tag in dieser Zeit kann ich mich ganz besonders gut erinnern. Ich war mit meiner Mama in einem Einkaufszentrum shoppen. Ich habe mich riesig auf diesen Tag gefreut, weil das bei uns damals höchstens einmal im Jahr vorkam. Wie aus dem Nichts hat sich mein allererster Freund nicht mehr bei mir gemeldet und auf keine meiner SMS mehr reagiert. Auch die Anrufe sind danach mehrere Tage lang unbeantwortet geblieben. Ich hab die Welt wirklich nicht mehr verstanden. Ich habe die ganze Autofahrt zum Einkaufszentrum geweint und meine Mama gefragt, warum er so zu mir ist. Warum er mir plötzlich nicht mehr antwortet, mich einfach aus dem Nichts ghostet und auch meine Anrufe komplett ignoriert. So war er doch noch nie zu mir.

Ich konnte es einfach nicht verstehen und habe alles hinterfragt, insbesondere mein eigenes Verhalten. Ich war wirklich das erste Mal unglaublich verliebt und wollte jede Sekunde mit diesem Jungen verbringen. Als wir uns dann in der Schule wiedergesehen haben, hat er das mit uns beendet. Die Gründe kenne ich bis heute nicht. Aber in diesem Moment ist eine Welt für mich zusammengebrochen. Ich musste lernen, mit der Ungewissheit zu leben und die

Tatsache zu akzeptieren, dass meine erste Beziehung mit einem Schlag vorbei war. Wochenlang habe ich abends heimlich in mein Kopfkissen geweint. Immer wieder habe ich unsere Nachrichten durchgelesen und unsere Bilder angeschaut. Das hat mir irgendwie dabei geholfen, den Schmerz zu verarbeiten.

Irgendwann war dann der Punkt erreicht, an dem ich gemerkt habe, dass mich die vielen wütenden Tränen und unbeantworteten Nachrichten nicht weiterbringen. Es war wie eine »Erleuchtung«: Ich habe mich wieder mit meinen Freundinnen getroffen, bin zum Tanztraining gegangen und habe meine Hausaufgaben wieder ordentlicher gemacht. Ich habe den Fokus wieder auf mich allein gelegt.

Rückblickend weiß ich, dass dieser Schmerz mit der Zeit verblassen wird und ich irgendwann neuen Mut schöpfen kann. Sei nicht zu streng mit dir, wenn du gerade noch nicht an diesem Punkt bist. Dieses Buch ist genau darauf ausgelegt, deinen Heartbreak zu überstehen.

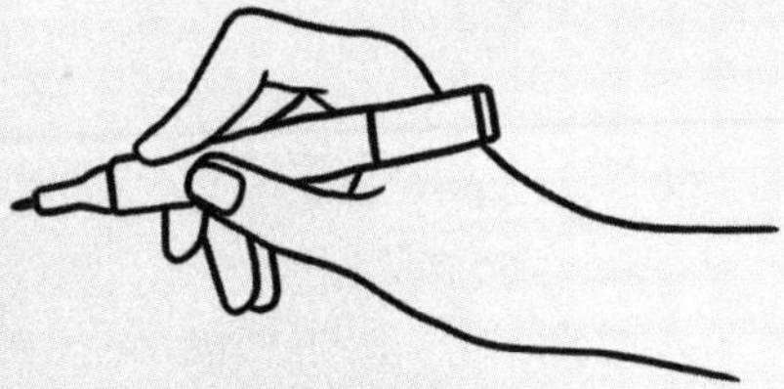

Dein Heartbreak-Tagebuch

DU TOLLER MENSCH, ERZÄHL: WAS IST PASSIERT?

WAS SIND DIE GRÜNDE FÜR EURE TRENNUNG?

WAS SCHWIRRT DIR NOCH IM KOPF HERUM?

KATiS HEART-BREAK-ROUTINE

»Aber Kati, was mache ich denn jetzt? Wie komme ich darüber hinweg?«

Eine Trennung ist oft schmerzhaft. Egal, ob du den Schlussstrich gezogen hast oder dein Freund die Beziehung beendet hat, bei vielen kickt der Heartbreak nach dem endgültigen Cut richtig.

Du bist gerade in genau so einer Situation? Fühl dich umarmt! Ich werde dir jetzt in einem ersten Schritt helfen: Ich möchte, dass du daran arbeitest, den Fokus wieder auf dich zu legen und das Beziehungsende mit deinem Ex zu verarbeiten. Ich stelle dir jetzt meine persönliche kleine Mini-Liebeskummer-Routine vor, die dir in dieser belastenden Zeit Halt geben kann, okay?

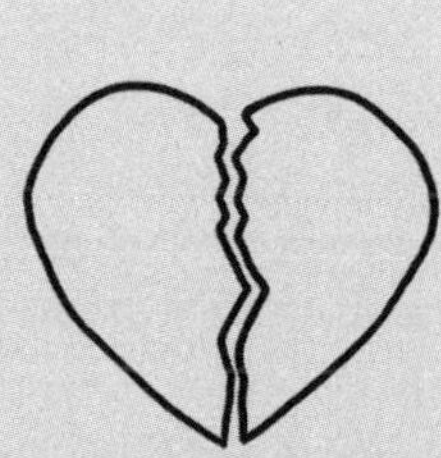

Um sich nicht von den krassen Emotionen überwältigen und zu sehr einnehmen zu lassen, hat es mir immer sehr geholfen, wenn ich ein bis zwei Stunden am Tag bestimmt habe, um wirklich ausschließlich über die Trennung nachzudenken: Ich habe geweint, in mein Tagebuch geschrieben und alle Emotionen rausgelassen. Ich bin unsere Beziehung und gemeinsame Momente gedanklich mehrmals durchgegangen und habe dabei aber auch die negativen Dinge im Kopf behalten, an denen es letztendlich gescheitert ist.

DEN SCHMERZ RAUSLASSEN

Du stellst dir also einen Wecker, die Zeit bestimmst du. Einigen reichen zehn Minuten, andere brauchen wiederum zwei Stunden Zeit. Wenn die Zeit abgelaufen ist, legst du den Fokus wieder auf dich. Versuche die aufkommenden Gedanken wegzuschieben. Stell dir eine Schublade vor. Du legst all die Wut, Trauer und Verzweiflung in diese Schublade und verschließt sie. Öffne sie erst wieder in der vorbestimmten begrenzten Zeit.

Also zum Beispiel von 18 bis 19 Uhr: Gib deinem Schmerz einen Raum, schreie oder weine, wenn dir danach ist. Jedes Gefühl ist erlaubt. Ab 19 Uhr machst du etwas, was dir richtig Spaß macht. Nimm dir bewusst Zeit für deine Freunde, geh deinem Lieblingssport nach, verabrede dich mit deiner Familie zum Essen und versuche, das Leben zu genießen.

FINAL »SCHLUSS MACHEN«

Jetzt wird etwas Unangenehmes auf dich zukommen, aber es wird dir sehr helfen. Ich weiß, wie schmerzhaft es ist, wenn noch Klamotten und andere Dinge vom Ex-Partner irgendwo zu Hause rumliegen. Der Hoodie, die Briefe, die Fotos, die irgendwo noch bei dir rumfliegen und dich immer wieder aufs Neue an ihn erinnern. Du schaust die Sachen an und brichst wieder in Tränen aus. Du hältst sie in deinen Händen und fragst dich: »War's das jetzt für immer?« Du erwischst dich selbst dabei, wie du noch in seinem Hoodie schläfst. Wie du alte Chats liest. Alte Fotos anschaust.

Aber damit ist jetzt wirklich Schluss! Du kannst es dir in dieser Situation nicht noch schwieriger machen. Damit verletzt du dich nur selbst. Also wirst du jetzt Folgendes tun:

Du wirst alle Sachen in eine Kiste packen und wirklich alles ausnahmslos an einem Ort verstauen, an dem du sie erst mal nicht mehr wiederfindest. Wichtig ist, dass du alle materiellen Erinnerungen für eine ganz lange Zeit aus deinem Sichtfeld entfernst.

LIEBES ZUKUNFTS-ICH, ...

Schreib hier ein allerletztes Mal auf, wie du dich mit der Trennung fühlst. Wie stellst du dir die kommenden Wochen vor? Berichte deinem Zukunfts-Ich davon, welche Dinge dich gerade beschäftigen. Und dann liest du genau diese Nachricht in exakt einem Jahr noch einmal. Ich bin mir sicher, du wirst überrascht sein, was sich alles bis dahin ändern kann.

Nachricht

Hey Kati,

mir fällt es so schwer, mit der Trennung von mir und meinem Ex klarzukommen. Wir waren insgesamt drei Jahre zusammen und hatten schon mehrere Beziehungspausen. Er ist unzählige Male fremdgegangen und hat dabei sogar ein Kind gezeugt. Das war dann der endgültige Trennungsgrund. Kurz vor der Trennung haben wir noch ernsthaft geplant, zusammenzuziehen. Damit abzuschließen, ist echt hart.

Es ist ein ständiges Up and Down. Manchmal fühle ich mich glücklich, und im nächsten Moment zerbreche ich fast daran. Vor allem, weil er gerade mal zwei Monate nach unserer Trennung eine neue Freundin hat, obwohl er mir bis zum letzten Tag unserer Beziehung seine Liebe beteuert hat. Ich weiß, eigentlich sollte er mir nun egal sein, aber es ist einfach nicht fair. Ich kann nicht verstehen, dass ich noch so sehr darunter leide, und er im Gegensatz dazu scheinbar schon damit abgeschlossen hat. Alle sagen immer »Du findest noch den Richtigen«, aber ich kann und will das nicht glauben …

Katis Antwort

Hallo du Liebe,

es zerbricht mein Herz, weil ich dich sehr fühlen kann. Im Ernst, mehrere Seitensprünge während eurer Beziehung, und dann wird seine Affäre auch noch schwanger? Wow, mir fehlen die Worte. Ich sage dir, das hat niemand auf dieser Welt verdient.

Ich bin superstolz auf dich, dass du dann selbst den Schlussstrich gezogen hast. Das erfordert Stärke, und du hast genau das Richtige getan. Du verdienst es, einen Menschen zu finden, der dich wirklich aufrichtig liebt. Jemanden, der dir zeigt, wie schön Liebe wirklich sein kann.

Den ersten Schritt hast du jetzt schon geschafft, nämlich einen Cut zu ziehen. Ich verspreche dir, es wird immer besser mit der Zeit. Kümmere dich jetzt gut um dich selbst und umgib dich mit Menschen, die dich wertschätzen und lieben. Ich wünsche dir von Herzen nur das Beste und bin mir sicher, dass dich diese schwierige Phase gerade nur noch stärker macht.

Alles Liebe,
deine Kati

Heartbreak-Activities

Jetzt wirst du erst mal eine innere Leere spüren. Es sind die kleinen Steps, die du in Kauf nehmen musst, damit es dir schon bald besser geht. Ich sage immer: Eine Trennung fühlt sich irgendwie auch wie ein neues Leben an. Man muss oft erst mal wieder lernen, wie es ist, ohne einen Partner zu sein, mit dem man sehr viel Zeit zusammen verbracht hat oder der ein großer Teil des eigenen Lebens war. Aber ich bin mir sicher, dass es dir mit der Zeit immer besser gehen wird, versprochen.

Und falls es dir gerade noch schwerfällt, habe ich dir ein paar Tipps zusammengestellt, die dir zumindest für den Moment guttun werden.

RUF EINEN MENSCHEN AN, DER DIR EIN LÄCHELN INS GESICHT ZAUBERT.
Bei mir ist das zum Beispiel eine sehr gute Freundin, die aber leider weiter weg wohnt. Jedes Mal, wenn ich sie anrufe, ist es wie Balsam für die Seele. Wir updaten uns auch über Kleinigkeiten und haben immer super viele Gesprächsthemen, die mich für einige Stunden alles vergessen lassen.

PACK DEINE SPIELEKONSOLE AUS UND VERLIERE DICH IN DEINEM LIEBLINGSSPIEL.
Das ist für mich eine der besten Ablenkungen, weil gleichzeitig so schöne Kindheitserinnerungen hochkommen, die Endorphine in mir ausschütten.

GEH ZU EINEM NEUEN SPORTTRAINING IN DEINER STADT.
Richtig, etwas Neues ausprobieren. Bei mir war das damals Fußball. Ich habe auf dem Fußballplatz so viele tolle neue Mädels kennengelernt und dadurch Energie geschöpft.

MACH EINEN SELFCARE-TAG.

Besorg dir eine gut riechende Haarkur, ein paar pflegende Masken und deinen Lieblingstee. Mach eine Meditation an oder probiere Yoga aus. Tu etwas, das deinem Körper guttut. Das wird auch deine Seele beruhigen und dir innere Ruhe schenken.

LAD EIN PAAR FREUNDE ZU DIR EIN UND KOCHT ZUSAMMEN ETWAS LECKERES.

Ablenkung durch Freunde ist Balsam für die Seele. Lass dich von ihnen in den Arm nehmen und sei dankbar für diese Unterstützung. Falls du gerade niemanden hast, an den du dich wenden kannst, schau doch am besten in meinem nächsten TikTok-Stream vorbei, bei dem wir alle zusammen einen cozy Abend verbringen werden. Da wirst du dich garantiert nicht alleine fühlen.

AUSMISTEN

Keine Ahnung warum, aber mir hat es schon immer geholfen auszumisten: den Schminktisch, den Kleiderschrank, den Keller. Vieles davon belastet dich unterbewusst oder es sind Erinnerungen damit verbunden. Damit ist jetzt Schluss, weg mit dem Zeug! Du wirst dich danach befreit fühlen.

Keiner kann dich verstehen,

nur die Musik.

MUSIK

WIE DIE MUSIK MEIN HERZ GEHEILT HAT

STEINE IM BAUCH

Ende 2019 habe ich meinen ersten eigenen Song rausgebracht. Die OGs unter euch werden ihn mit Sicherheit kennen. Er heißt »Steine im Bauch« und beschreibt eines der unerträglichsten Gefühle in der Kennenlernphase, die es gibt. Es geht um einen Jungen, für den man wirklich etwas empfindet und es den Anschein hat, dass das auch auf Gegenseitigkeit beruht. Doch irgendwann kommt plötzlich nichts mehr, wie aus dem Off. Höchstens feige WhatsApp-Nachrichten, die nur noch mehr Fragezeichen hinterlassen. Und alles, was bleibt, sind ein paar Steine im Bauch.

Genau das habe ich leider viel zu oft erlebt. Nicht, als ich in einer festen Beziehung war, aber zu der Zeit, als ich Single war und ein paar Jungs gedatet habe. Das ein oder andere Mal habe ich mich dabei in jemanden verguckt, und ein paar Monate lang schien es wirklich so, als würde es auf eine ernsthafte Beziehung hinauslaufen, doch dann war plötzlich Funkstille.

Sosehr mich das anfangs verletzt hat, hat dieser abrupte Kontaktabbruch letztendlich gezeigt, dass er einfach nicht der Richtige war. Denn bei dem richtigen Menschen musst du nicht ständig Angst haben, verlassen zu werden. Bei dem richtigen Menschen musst du nicht tagelang auf Antworten warten. Bei dem richtigen Menschen spürst du diese Leichtigkeit in eurer Beziehung, und nichts zwischen euch fühlt sich schwer und kompliziert an.

WEGEN DIR

Mein persönlichster Song bislang ist »Wegen dir«. Er wurde im Dezember 2020 veröffentlicht und ist ein Spiegelbild meiner letzten gescheiterten Beziehung.

Einige, die mir schon länger folgen, wissen, dass ich vor meiner jetzigen Beziehung zwei Jahre lang mit meinem Ex-Freund zusammen war und mit ihm in Köln gewohnt habe. Als wir uns Mitte 2020 getrennt haben, bin ich nach München gezogen. Das war die beste und spontanste Entscheidung meines Lebens. Ich konnte einfach nicht länger in Köln bleiben. Die Erinnerungen hätten mir jeden Tag nur noch mehr wehgetan, und ich brauchte nach der Trennung einfach ein neues Zuhause.

Doch wie kam der Umzug nach München überhaupt? Ich habe mich in jenem Sommer dazu entschlossen, in ein Surfcamp zu fahren. Kurz nach meiner Trennung. Ich wollte unbedingt surfen lernen und dabei einfach ein bisschen abschalten. Ganz weit weg von Köln und den ganzen Erinnerungen. Und wie das Leben so spielt, habe ich mich dort innerhalb von einer Woche dazu entschieden, nach München zu ziehen, und noch im Surfcamp einen neuen Mietvertrag unterschrieben. In dem Moment war es irgendwie so, als würde das Schicksal mir diese Möglichkeit in die Arme legen. Normalerweise ist es in einer Großstadt wie München quasi unmöglich, eine Wohnung zu finden. Ich hatte mir aus diesem Grund überhaupt keine Hoffnungen gemacht, und als dann die Zusage kam, wusste ich: Okay, das ist Schicksal. Das Leben hält diesen Neuanfang für mich bereit.

Ein paar Monate später ist dann »Wegen Dir« entstanden. Noch nie habe ich einen so persönlichen Song aufgenommen und komplett in mein Innerstes blicken lassen. In dem Song geht es darum, wie es sich anfühlt, wenn man vor den Scherben seiner gescheiterten Beziehung steht. Wenn du plötzlich den Menschen verlierst, der dir am wichtigsten war. Das Gedankenkarussell hört gefühlt gar nicht mehr auf, und du fühlst dich alleine, leer und verlassen. Schlaflose Nächte, die sich über Monate hinweg ziehen. Ich singe in dem Song sogar davon, dass ich mit dem Rauchen angefangen habe (bitte nicht nachmachen).

Zum Glück habe ich damit wieder aufgehört, aber in dieser Phase ging alles irgendwie drunter und drüber. Ich war auf der einen Seite total froh, in einer neuen Stadt zu sein, aber natürlich hat auch mein Heartbreak dort gekickt. Zwei Jahre Beziehung gehen nicht so einfach an einem vorbei. Die Entfernung war tatsächlich mein Glück, um finally abzuschließen, aber es gab davor trotzdem etliche Nächte, in denen ich alleine in meiner neuen Wohnung lag und alles überdacht habe. In denen ich geweint und gedacht habe: »Hört dieser Schmerz überhaupt irgendwann mal auf?«

Eine neue Stadt bedeutet auch erst mal viel Alleinsein, bis man den richtigen Anschluss gefunden hat. Besonders (Sorry!) in Bayern. Einige, die aus Bayern beziehungsweise München kommen, wissen vielleicht, wie schwer es ist, dort neue und aufrichtige Freundschaften zu finden. Das ist zumindest meine Erfahrung. Ich konnte tatsächlich von Glück sprechen, dass ich schon ein wenig Anschluss durch meine Musik hatte, weil mein halbes Team dort sitzt und mit mir zusammen arbeitet. Aber ansonsten war ich erst mal lonely.

In dieser Zeit habe ich so viele Songs geschrieben, wow. Das war wirklich meine Therapie. Ich habe den ganzen Schmerz in meinen Songs verarbeitet. Die Musik hat mein Herz geheilt. Einige Songs sind (zu diesem Zeitpunkt, wenn ich dieses Buch schreibe) noch gar nicht draußen, die hebe ich mir für mein erstes Album auf. Aber das Schreiben allein hat mir wirklich schon so sehr geholfen.

OHNE DICH

So war das auch bei »Ohne Dich«. Ich liebe diesen Song, weil ich durch diesen Release endgültig mit meiner gescheiterten Beziehung abschließen konnte. Ich war an dem Punkt angelangt, an dem es endlich wieder bergauf ging und ich realisiert habe, dass die Beziehung mir einfach nicht mehr gutgetan hat.

Ich bin sicher, dass sich viele mit dem Song identifizieren können, denn bei »Ohne Dich« geht es darum, dass du plötzlich einsiehst, welche negativen Seiten die gescheiterte Beziehung auch mit sich gebracht hat. Dann kommen so Gedanken wie: »Hä? Ohne ihn bin ich doch eigentlich viel besser dran. Warum habe ich so lange gedacht, dass ich nie wieder glücklich werde?« Schlagartig spürst du wieder diese Energie in deinem Leben und beginnst, das Ganze mit anderen Augen zu betrachten. Du warst so verliebt in diese Person, dass du die Red Flags komplett ausgeblendet hast.

Aber nach jedem Down kommt auch wieder ein Up, vergiss das nie! Du – ja, du! – bist ohne diese Person besser dran.

Mit meinen Songs hatte ich ein Ventil, bei dem ich alle aufgestauten Emotionen rauslassen konnte. Ich wusste, ich gehe durch diesen krassen Heartbreak zusammen mit der Musik. Und ja, das ist der Grund, warum die Musik mein gebrochenes Herz wieder zusammensetzen konnte.

Ich möchte dir aber unbedingt noch von drei Songs erzählen, die mich wirklich sehr geprägt haben. Noch nie habe ich so intensiv darüber gesprochen wie in diesem Buch.

WEISSE YEEZYS

»Weiße Yeezys«, mein dritter Song, den werden einige von euch noch kennen, oder? Falls nein, hör ihn dir unbedingt kurz an, bevor du weiterliest.

»Weiße Yeezys, weißt du's noch, mein Liebling? In diesen Schuhen sehe ich uns noch in Paris, bis ich merke, dass es uns zwei nicht mehr gibt.« Diese Lyrics sagen schon sehr viel über den Song. Er ist genau zu dem Zeitpunkt erschienen, als ich im August 2020 nach meiner Trennung im Surfcamp war. In dem Song geht es um weiße Yeezys. Das sind Sneaker, die damals wirklich sehr in waren. Ich fand sie immer total schön, und eines Tages hat mich mein Ex-Freund damals damit überrascht. Und er hat sie nicht nur mir geschenkt, sondern sich selbst auch. Das waren also ab sofort unsere Partnerschuhe. Wir haben diese Schuhe an den verschiedensten Orten gemeinsam getragen.

Auch wenn man vielleicht nicht mehr zusammen ist und die Person keine Rolle mehr in deinem Leben spielt, bleiben manche Erinnerungen eben bestehen. Sein Parfum, das Shirt, das Café, bei dem ihr euch immer getroffen habt – dir fällt da bestimmt auch direkt ein Geruch, ein Kleidungsstück oder ein Ort ein, den oder das du mit einer Person verbindest, die jetzt keinen Platz mehr in deinem Leben hat. Bei mir sind das zum Beispiel die Schuhe, die ich auch heute noch mit ihm verbinde.

ZU JUNG UM TRAURIG ZU SEIN

Der Song, den ich genau nach meiner harten Trauerphase wegen meiner Trennung im Jahr zuvor herausgebracht habe. Im Juni 2021 war ich schon einige Monate in München, und langsam ging es mir Tag für Tag besser. Ich habe wieder gedatet, wieder aufrichtige Freude verspürt, als ich das Haus verlassen habe, und hatte wieder krass viel Energie, die ich für meine Ziele investiert und in meine Arbeit gesteckt habe.

An den Moment, als mir die Idee zu »Zu jung um traurig zu sein« kam, kann ich mich noch gut erinnern: Ich saß draußen in einem Park, habe gelesen und einen Kaffee getrunken. Alles war in diesem Moment irgendwie perfekt, und ich habe gemerkt, wie befreiend es ist, gerade allein zu sein. Nur ich, mein Buch, der Kaffee und die Natur. Da war plötzlich so ein warmes Gefühl in meinem Herzen, und ich habe mich selbst gefragt: »Eigentlich bin ich doch auch viel zu jung, eigentlich ist alles viel zu schön, um wirklich traurig zu sein, oder?«

Wir haben nur dieses eine Leben. Genau darum geht es in dem Song. Ist es dir wirklich wert, dass du gerade so viele tolle Momente verschwendest, weil du schon so lange weinend zu Hause sitzt und dich wegen dieser einen Person aufregst, obwohl du die Situation vielleicht gar nicht mehr ändern kannst? Geh raus, unternimm Dinge, die dir Spaß machen, verabrede dich mit deinen Liebsten und sag den Menschen, die immer für dich da sind, dass du sie schätzt und liebst.

LIEBESBEWEIS

Mal ein ganz anderer Song, und doch ein Thema, das mir sehr am Herzen liegt. »Liebesbeweis« handelt von einer Beziehung, die man nicht unbedingt an die große Glocke hängt. Auch ich behalte die meisten Momente mit meinem Freund gerne für mich beziehungsweise uns, anstatt ständig Stories, Videos und Bilder zu posten. Dass ich in einer Beziehung bin, würde ich niemals verheimlichen, aber ich muss nicht unbedingt mit der Öffentlichkeit teilen, was wir gerade so machen oder was unsere schönsten Erinnerungen zusammen sind. Privatsphäre statt Geheimnis lautet das Geheimnis.

Mit »Liebesbeweis« möchte ich zum Ausdruck bringen, dass es vor allem darauf ankommt, dass du und die andere Person über euer Glück Bescheid wisst. Das ist viel mehr wert als Gerüchte und Spekulationen, die eure Beziehung gefährden könnten. Das kann man übrigens auch super auf eine Freundschaft übertragen.

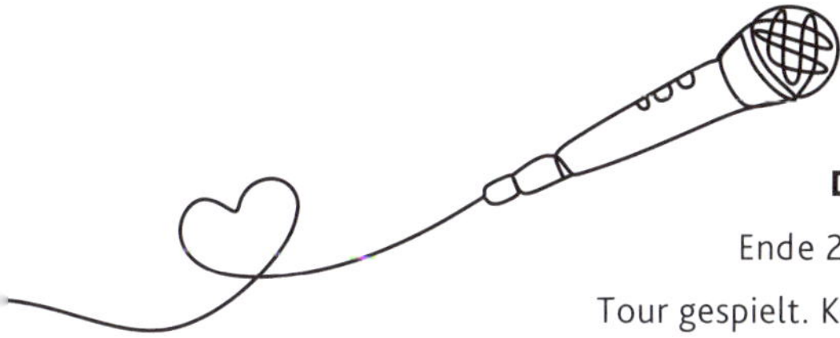

DAS ERSTE MAL AUF TOUR

Ende 2022 habe ich meine erste eigene Tour gespielt. Keine Ahnung, wie ich dieses Gefühl wirklich beschreiben soll, weil ich bis heute keine Worte dafür finde. Es war das Krasseste, was ich bislang erlebt habe. Wir haben erst mal eine kleine Tour geplant, weil es ziemlich kurzfristig war, ich meine Songs aber unbedingt so schnell wie möglich live performen wollte. Also waren wir in drei Städten (Köln, Berlin und Hamburg), und es war einfach wunderschön. Meine Community zu treffen, war einfach der Wahnsinn.

Es war wie ein Glücksrausch: Drei Abende lang durfte ich die Menschen sehen, die mich auf meinem Weg supporten, meine Musik fühlen und die gleichen Emotionen mit mir teilen. Es gibt nichts, was irgendwie damit vergleichbar ist, wirklich nicht. Live singen ist noch mal eine ganz andere Geschichte, und ich hätte es mir niemals so intensiv vorgestellt. Am Ende der Show war es so schön, meine Community in den Arm zu nehmen. Euch Mut zu machen, mit euch zu lachen und zu weinen. Zwei haben sich sogar meine Unterschrift tätowieren lassen, so heftig. Wenn ich eine Sache für immer machen möchte, dann ist es, auf Tour zu gehen, mit euch zu singen, zu lachen, zu tanzen und zu weinen. Wir können unseren Schmerz zusammen rausschreien. Ach, Konzerte sind etwas so Tolles.

KATIS HERZENS-PLAYLIST

Musik ist für mich das Schönste, was es auf der Welt gibt. Es gibt ein Zitat von Bob Marley, das mir, seitdem ich eigene Songs schreibe, nicht mehr aus dem Kopf gegangen ist: »Wenn die Musik dich berührt, spürst du keinen Schmerz.« And that's the point. Ich verliere mich in meinen eigenen Songs, in meinen Lieblingsliedern. Musik macht etwas mit mir, und es wirkt sich positiv auf meine Psyche aus.

Jedes Mal, wenn es mir schlecht geht, mache ich mir extra eine traurige Playlist an, um mich noch mehr in der Mood zu verlieren, aber hey, es hilft super beim Verarbeiten.

Hier geht's zur Playlist:

Another Love – **TOM ODELL**

drivers license – **OLIVIA RODRIGO**

All I Want – **OLIVIA RODRIGO**

I Lost a Friend – **FINNEAS**

Never the 1 – **ROSIE**

Arcade – **DUNCAN LAURENCE**

Bei Dir – **KUMMER**

Good Stuff – **GRIFF**

Black Converse – **LOVA**

ceilings – **LIZZY MCALPINE**

Is It Just Me? – **EMILY BURNS**

Alle Songs von **LEWIS CAPALDI**

SONGS, DIE MEIN HERZ BERÜHREN

Bei mir ist Musik der Schlüssel für alles. Für jede Lebenslage gibt es den passenden Song.

Der Song, bei dem mein Herz höher schlägt:

____________________ von ____________________

Der Song, bei dem ich stundenlang heulen könnte:

____________________ von ____________________

Diesen Song verbinde ich mit einer bestimmten Person:

____________________ von ____________________,

weil ____

Der Song weckt Kindheitserinnerungen:

______________________________ von ______________________________

Der Song macht gute Laune:

______________________________ von ______________________________

Der Song hat mir aus einer schweren Zeit geholfen:

______________________________ von ______________________________

Songs, die mein Herz berühren – Kati-Edition

Der Song, bei dem mein Herz höher schlägt:

»Waiting for Love« von Avicii. Ich verbinde mit diesem Song irgendwie total viele schöne Sommermomente.

Der Song, bei dem ich stundenlang heulen könnte:

»Another Love« von Tom Odell. Mein erstes Liebeskummerlied, und ich werde es vermutlich für immer als meinen Lieblingssong betiteln.

Den Song »Breaking Free« von Zac Efron und Vanessa Hudgens verbinde ich mit meiner Kindheit, weil ich »High School Musical« damals sooo oft geschaut habe.

Der Song weckt Kindheitserinnerungen:

»Auf Uns« von Andreas Bourani.

Der Song macht gute Laune:

Definitiv **»I got a feeling«** von **The Black Eyed Peas**. Der Song läuft bei mir im Sommer rauf und runter.

Der Song hat mir aus einer schweren Zeit geholfen:

»Or is it just me« von **Emily Burns**. Lief nach meiner Trennung auf Dauerschleife.

Du hast nur dieses eine Leben.

Mach das,

was dich verdammt noch mal

glücklich macht.

TRÄUME & ZIELE

♥

WIE TRÄUME WAHR WERDEN

WIESO DIE SCHULZEIT DIE BESTE UND SCHLIMMSTE ERFAHRUNG MEINES LEBENS WAR

Wer behauptet, die Schulzeit hätte sie nicht geprägt, flunkert. Jedenfalls ein bisschen. Na ja, ich kann ja mal ein bisschen von mir erzählen.

Ich habe schon immer gemerkt, dass ich anders bin als viele meiner Mitschüler* innen. Ich war das Mädchen, das immer aus der Reihe getanzt ist. Viele hatten ein großes Problem damit, dass ich vieles auf Instagram geteilt habe. In der 10. Klasse habe ich angefangen, dort meine Gesangsvideos zu posten, die auch schnell viele Klicks eingebracht haben. Ab dem Zeitpunkt war's dann wirklich vorbei: Getuschel, wenn ich den Klassenraum betreten habe, und missgünstige Blicke bei jedem neuen Songcover, das ich hochgeladen hatte. Ich war die »Social-Media-Bitch«. Die Lehrer* innen konnten mich plötzlich auch nicht mehr leiden und haben mich nur noch auf meine Social-Media-Kanäle reduziert. Sobald ich in der Pause mit meinem Handy beschäftigt war und Nachrichten aus meiner Community checken wollte, wurde ich darauf von irgendeiner Lehrkraft angesprochen.

EIN SCHULWECHSEL ALS NEUANFANG?

Nach der 10. Klasse habe ich dann die Schule gewechselt. Ich habe mir selbst eingestanden, dass ich auf meiner alten Schule nicht mehr glücklich werde, und dort mein Abitur zu beenden, war für mich irgendwie unvorstellbar. Ich wollte einen Neuanfang. Die Mitschüler* innen, die Lehrkräfte und die ganze

Umgebung haben mir einfach nicht mehr gutgetan. Also habe ich mich für eine neue Schule entschieden. Neues Umfeld, neues Glück. Dennoch haben mich die Erfahrungen in der Mittelstufe eingeschüchtert, und meine Social-Media-Kanäle habe ich erst mal ruhen lassen. Was, wenn an der neuen Schule auch wieder jede*r über mich lästert? Was, wenn ich mir so neue Freundschaften direkt verbaue, weil mich jemand nicht leiden kann, und das alles nur, weil ich mein Leben und meine Musik öffentlich teile?

Ein Jahr hat es gedauert, bis ich mich wieder getraut habe, regelmäßig etwas zu posten. Der Gedanke, dass mir nur noch das letzte Schuljahr bis zum Abitur bevorsteht, hat mich beflügelt. Danach würde ich richtig loslegen können. Dann würde ich endlich meinen Traum leben können.

Als meine Verunsicherung allmählich verpufft war und ich meinen Stuff dann wieder gepostet habe, ging das ganze Drama von vorne los. Diesmal sogar noch schlimmer. Eine Mädelsclique hatte sich gegen mich verschworen. Vor Unterrichtsbeginn haben sie mich vor dem Eingang der Schule abgefangen, um mich fertig zu machen. Sie haben meine Gesangsvideos abgespielt und sich über meine Vlogs lustig gemacht. Sie haben mir unaussprechliche Dinge hinterhergerufen. Ich bin froh, dass diese Zeit vorbei ist.

Ab diesem Zeitpunkt hat irgendwas bei mir Klick gemacht. Ich war zwar total wütend auf diese Mädchen, aber gleichzeitig auch unfassbar stolz, dass ich mich diesmal nicht habe entmutigen lassen. Ich habe das letzte Schuljahr einfach durchgezogen mit zwei Menschen an meiner Seite, die in der Klasse immer ausgegrenzt wurden. Ich habe sie gemocht, weil sie mich nicht verurteilt haben. Sie waren die Einzigen, die mir jedes Mal gesagt haben: »Kati, scheiß auf die und leb deinen Traum.«

Und dann stand plötzlich der Abiball an. Weißt du, worauf ich mich am meisten gefreut habe? Auf die Heimfahrt mit dem Taxi. Ich kann mich noch genau

daran erinnern, wie ich um drei Uhr morgens hinten auf der Rückbank saß und dem Taxifahrer angetrunken erzählt habe, dass jetzt ein neues Kapitel für mich beginnt. Ich hatte solche Glücksgefühle in mir, das kannst du dir nicht vorstellen. Ich wusste, ich werde nach Köln ziehen und meinen Traum mit der Musik endlich in Angriff nehmen. Ohne Menschen, die mir täglich auf dem Schulhof gezeigt haben, wie lächerlich ich doch sei.

WARUM DIE MEINUNG DER ANDEREN EGAL IST

Genau deswegen würde ich trotz all der schlimmen Erfahrungen in der Oberstufe sagen: Die Schulzeit war auch die beste Zeit meines Lebens. Denn rückblickend habe ich gemerkt, wie selbstbewusst und stark ich geworden bin, besonders im letzten Schuljahr. Ich habe mein Ding trotz der fiesen Lästereien weiter durchgezogen. Und du kannst dir nicht ausmalen, wie hässlich manche über mich geredet haben … Ich musste mir ständig solche Kommentare anhören wie »Unsere Möchtegern-Social-Media-Olle, lern mal lieber für die Schule« und Sprüche wie »Die geiert eh nur nach Aufmerksamkeit«.

Aber hey, ich wusste, nach der Schule sehe ich diese Menschen sowieso nie wieder – wieso soll ich mich von ihren Kommentaren so beeinflussen lassen? Wieso soll mein Herzensprojekt, mein Traum, meine Liebe zur Musik so sehr leiden wegen solcher Menschen?

All diese Gedanken haben mich tatsächlich viel selbstsicherer gemacht. Ich wusste irgendwann, egal wie viel geredet wird, ich werde mich niemals deswegen von meinem Traum abbringen lassen. Der war schon immer die Musik, und ich wusste tief in meinem Herzen, dass nichts und niemand mir das kaputt machen würde. Und zack, ein halbes Jahr nach den Abiprüfungen sind genau diese Menschen, die mich in der Klasse und auf dem Schulhof so runtergemacht haben, in meine DM's geslidet und haben mir geschrieben, wie stolz sie doch darauf seien, was ich bislang so erreicht habe. Wie toll doch mein erster neuer Song sei, und dass sie das niemals von mir gedacht hätten, dass ich eigene Songs rausbringe und mir eine große Community aufgebaut habe ... Euer Ernst? Geantwortet habe ich darauf natürlich nicht. Weil ich mich noch zu genau daran erinnern konnte, wie scheiße sie mich damals behandelt haben. Aber ich will nicht verleugnen, dass ich mich insgeheim auch über diese Nachrichten gefreut habe. Weil es mir gezeigt hat, dass ich alles richtig gemacht habe.

Im gleichen Jahr, in dem ich die Schule beendet habe, habe ich dann schon meinen ersten eigenen Song rausgebracht. Mehr dazu liest du im Kapitel »Wie die Musik mich geheilt hat«. Ich habe für meinen kleinen Traum gekämpft und das tue ich bis heute, jeden Tag. Und genau das möchte ich dir mitgeben. Ich will, dass du an deine Träume glaubst und für sie einstehst. Ich möchte, dass du dafür kämpfst, egal, welche Menschen um dich herum sind, die versuchen, dir das auszureden. Du hast nur dieses eine Leben. Mach das, was dich verdammt nochmal glücklich macht. Die Menschen, die dich mögen und lieben, werden dich dabei unterstützen und niemals darüber herziehen oder es schlechtreden. Halte dich an diese Menschen, auch wenn sie nicht in der gleichen Klasse sitzen oder ihr täglich Zeit miteinander verbringen könnt. In meiner Schulzeit waren meine engsten Freunde und Freundinnen auch auf ganz unterschiedlichen Schulen oder schon in der Ausbildung.

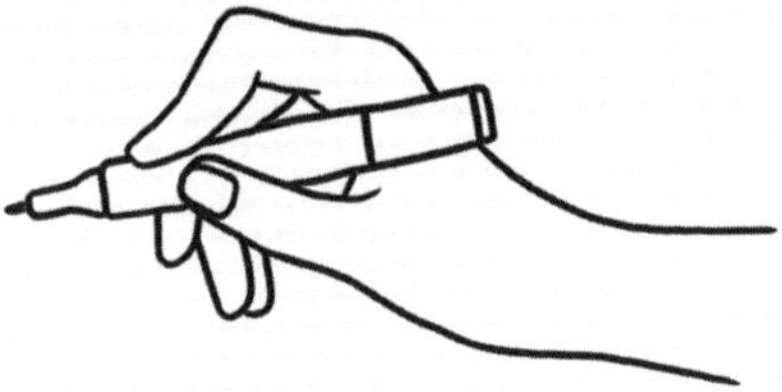

Lieber größter Feind, …

Glaub mir, ich weiß, wie sich das anfühlt, wenn sich gefühlt alle gegen dich verschwören und dir nur Neid und Missgunst entgegenbringen.

Wenn auch du darunter leidest, kann dir vielleicht folgende Aufgabe helfen: Schreib einen Brief an den Menschen, der dich fertigmachen und dir durch seine Worte im schlimmsten Fall deine Träume ausreden will. All die Emotionen auf Papier zu bringen, hat mir damals so gutgetan, auch wenn ich diesen Brief nie abgeschickt habe. Ich möchte, dass du einen Brief an den Menschen verfasst, der dich belächelt, der schlecht über dich spricht und wegen dem du schon viele Tränen vergossen hast. Egal ob das schon weit in der Vergangenheit liegt oder dich gerade aktuell belastet: Lass deinem Schmerz und deiner Meinung freien Lauf, dir sind keine Grenzen gesetzt. Schließe nach diesem Brief mit dieser Person ab. Du brauchst sie nicht in deinem Leben.

Tat gut, oder? Ich bin sehr stolz auf dich, dass du diesen Brief verfasst und damit »losgelassen« hast.

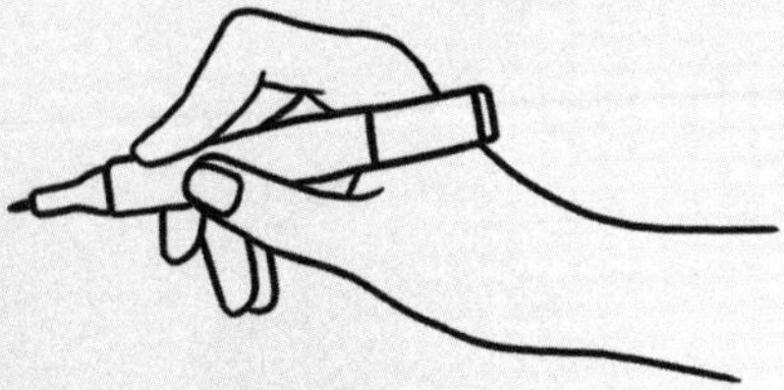

Life-Goals

Hier hast du Platz zum Eintragen deiner größten Träume und Ziele. Jedes Mal, wenn ich traurig war und ein Motivationsloch hatte, habe ich diese Liste rausgekramt und mich daran erinnert, was ich in den nächsten Wochen und Monaten vorhabe.

WAS MÖCHTEST DU UNBEDINGT ERREICHEN?

Routinen

Routinen können dich dabei unterstützen, deine Ziele in die Tat umzusetzen! Sie bringen Struktur in dein Leben. Vor allem wenn ich mal einen Bad Day habe, hilft mir eine Routine immer sehr, um wieder in den Alltag reinzufinden und meine Ziele so besser im Blick zu behalten. Meine persönliche Routine läuft immer nach dem gleichen Prinzip ab, und ich kann mir als Selbstständige den Tag selbst einteilen. Aber vielleicht ist ja trotzdem etwas Inspiration für dich dabei.

Katis Tagesroutine

8:00 UHR: Aufstehen und direkt das Bett machen.

8:10 UHR: Eine Morgenmeditation oder Yoga ausprobieren. Ich habe es total für mich entdeckt, und mein Morgen startet damit direkt besser.

8:30 UHR: Duschen, Zähneputzen und Zurechtmachen. Das macht einfach so viel aus, wenn man sich zurechtgemacht und »fresh« an seine Aufgaben begibt.

9:00 UHR: Frühstücken. Ein leckerer Brunch ist der beste Start in den Tag.

10:00 UHR: Eine To-do-Liste schreiben. Was willst du heute alles schaffen?

10:15–17:00 UHR: Get your things done! Entspannung oder ein hohes Produktivitätslevel: Gehe dem nach, was du dir vorgenommen hast!

18:00 UHR: Me-Time. Nimm dir am Abend Zeit für dich selbst oder genieße sie mit Freunden. Mach etwas, was dir guttut!

23:00 UHR: Bed-Time
Schnapp dir ein Buch, mit dem du dich wohlfühlst, oder schreib dir schon eine neue To-do-Liste für den nächsten Tag. Du schaffst das, ich bin stolz auf dich!

PS: Das ist meine »perfekte« Routine, bitte lass dich davon nicht unter Druck setzen. Auch bei mir gibt es Tage, an denen ich kaum aus dem Bett komme.

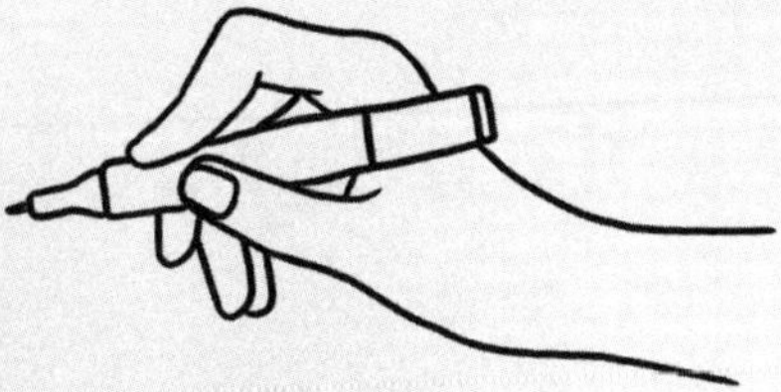

Meine Tagesroutine

Hier hast du Platz, um deine eigene Routine aufzustellen. Sie soll dir Halt geben an Tagen, die dir mental ohnehin schon Kraft rauben.

Es ist okay zu weinen.

Lass alles raus, was dich gerade belastet,

und nimm dir genug Zeit zum Nachdenken.

ÄNGSTE

MIR GEHT'S NICHT GUT

Hey, stress dich nicht! Jeder hat mal eine schlechte Phase. Ich kenne das viel zu gut. Bei mir passiert das manchmal total random: Da gibt es diesen einen Tag, an dem alles schiefläuft, und dann prasseln gefühlt hundert Dinge auf dich ein, als wäre dieser Tag verflucht. So was zieht mich dann total runter, und das leider auch nicht nur für den Moment. Dann kann ich abends total schlecht einschlafen, liege stundenlang wach und hinterfrage alles. Dieser Gedankenstrudel lässt sich nicht immer gut kontrollieren, aber oft hilft es in einem ersten Schritt, runterzuschreiben, was einen gerade belastet.

Nachricht

Hey Kati,

ich habe krassen Herzschmerz, aber nicht wegen irgendeinem Typen, sondern wegen mir selbst. Ich mag mich und meinen Körper nicht mehr. Wenn ich mich im Spiegel anschaue, kann ich den Anblick kaum ertragen, und das belastet mich so sehr. Ich weiß nicht, wie ich mich wieder selbst lieben kann. Hast du einen Rat für mich?

Katis Antwort

Hallo du Liebe,

es tut so unglaublich weh, das zu lesen. Ich hatte auch mal eine ähnliche Phase, in der ich mich nicht mehr »schön« fand.

Sich wieder selbst lieben zu lernen, ist ein Prozess. Mir hat damals viel Bewegung geholfen, und ich habe angefangen, jeden Tag Dinge bewusst für mich zu tun und bin zum Beispiel wieder regelmäßiger zum Sport gegangen. Vielleicht ist es aber auch eine andere Haarfarbe, die dir neues Selbstvertrauen gibt, oder ein neues Outfit. Das sind kleine Dinge, die dir einen Wohlfühl-Moment bescheren können.

Ich wünsche dir von Herzen, dass du dich bald akzeptieren kannst, mit all deinen »Fehlern«. Gerade die machen dich perfekt. Du bist einzigartig, dich gibt es nur einmal auf dieser Welt! Und ich glaube, das vergisst du manchmal, oder?

Du hast es verdient, dich selbst zu lieben.

Ich glaube an dich,
deine Kati

Es ist okay

Es ist okay, einfach mal durchzuatmen und sich selbst einzugestehen, dass eine Situation gerade überfordernd ist. Vielleicht hilft dir eine dieser Affirmationen dabei, bald wieder mit einem Lächeln durch den Tag zu gehen:

Es ist okay zu weinen. Lass alles raus, was dich gerade belastet, und nimm dir genug Zeit zum Nachdenken.

Es ist okay, ein Treffen abzusagen! Echte Freunde werden es verstehen, wenn du gerade lieber alleine sein möchtest, und dir keine Vorwürfe machen.

Es ist okay, sich jemandem anzuvertrauen. Mach dich frei von dem Gedanken, du seist eine Belastung für deine Vertrauensperson. Sie hört dir gerne zu. Und danach wird es dir bestimmt besser gehen.

Es ist okay, sich eine Auszeit zu nehmen. Wie du sie gestaltest, hängt davon ab, was dir Energie gibt. Befreie dich in dieser Zeit von allem Kraftraubenden. Unternimm etwas, wodurch deine Energiereserven wieder aufgefüllt werden, und mach ein bisschen Selfcare. Hauptsache, du kommst auf andere Gedanken.

DU BIST NICHT ALLEIN MIT DEINEN ÄNGSTEN!

Ich habe dir versprochen, dass ich komplett auspacke. Ich widme mich nun einem sehr sensiblen Thema. Vielleicht wird die ein oder andere sich in diesen Situationen wiederfinden. Ich möchte dir das erzählen, um dir Mut zu machen, falls du gerade in einer ähnlichen Situation steckst. Ich möchte dir das Gefühl geben, dass du mit deinen Ängsten nicht allein bist, egal wie belanglos sie für andere wiederum erscheinen mögen. Jede Angst ist berechtigt, und auch das Thema Panikattacken muss ernst genommen werden.

Panikattacken

Ich habe panische Ängste vor Ärzten. Heute ist es viel besser, aber komplett werden sie wohl nie verschwinden. Sobald ein Kontrolltermin ansteht, wird mir eine Woche vorher immer ganz schwummerig und schlecht. Ich kann an nichts anderes denken. Meine Angst bezieht sich hauptsächlich auf Krankheiten, weil ich extreme Panik habe, an einer schweren Krankheit zu leiden. Der Fachbegriff dafür ist Hypochondrie. Irgendwie hatte ich das schon als Kind, und je älter ich geworden bin, desto schlimmer wurde das beklemmende Gefühl im Bauch.

Alles hat mit einem stinknormalen Arzttermin angefangen, bei dem die Panik zum ersten Mal so richtig ausgebrochen ist. Es war Montagmorgen, und ich hatte einen Kontrolltermin beim Frauenarzt. Plötzlich wurde mir in der Praxis vor Aufregung und Angst so schlecht, dass ich sie sofort verlassen musste. Ich hatte extreme Angst, die sich durch Schwindel und kalte Hände und Füße bemerkbar gemacht hat. Das hatte ich so noch nie erlebt. Als ich die Symptome dann gegoogelt habe, war klar: Ich hatte eine Panikattacke.

Ab diesem Zeitpunkt kamen die dann immer regelmäßiger, stärker und heimtückischer. Es war so schlimm, dass ich meinem Alltag teilweise gar nicht mehr nachgehen konnte. In der schlimmsten Zeit habe ich mich sechs Wochen lang zu Hause eingesperrt, ohne mich jemandem anzuvertrauen. Ich habe 14 Stunden am Tag geschlafen, in der ständigen Angst, mir könne beim Verlassen des Hauses etwas zustoßen. Shoppen gehen, Lebensmittel einkaufen, Freunde treffen: All das war nicht mehr möglich, weil ich Angst hatte, dass mich eine neue Panikattacke überrollen könnte.

Mir ist bewusst geworden, dass es so nicht mehr weitergehen konnte. Schließlich habe ich mir dann zum Glück selbstständig professionelle Hilfe gesucht.

Die Therapie hat mir unglaublich geholfen. Dafür bin ich bis heute immer noch sehr dankbar. Es hat sich für mich wie ein ganz neues Leben angefühlt, das mir geschenkt wurde, auch wenn der Weg dahin wirklich hart war.

Ich weiß, wie viele von euch mit Panikattacken und Ängsten zu kämpfen haben. Aber hey, du bist nicht alleine damit! Viele sprechen nicht darüber und wollen das mit sich selbst verarbeiten. Aber wenn ich dir nur einen einzigen Tipp geben kann, dann vertrau dich jemandem an. Als ich das gemacht habe, ist mir sofort ein Stein vom Herzen gefallen. Ich hatte plötzlich Menschen an meiner Seite, die ich in dieser Situation anrufen konnte, die mich beruhigt und abgelenkt haben, wenn es mal wieder ganz schlimm war.

So was ist Gold wert, wirklich. Scheu dich nicht davor, dir professionelle Hilfe zu suchen, wenn du allein oder mit deinen Mitmenschen damit nicht weiterkommst. Werde dir selbst immer wieder bewusst: Es kann nur besser werden! Du tust das für dich, damit es dir wieder gut geht.

Nicht nur Krankheitsängste begleiten mich ständig. Generell bin ich ein sehr empfindsamer Mensch, und ich möchte dir noch von zwei weiteren Triggern erzählen, die bei mir Angst auslösen.

Ich glaube, mit Verlustängsten haben einige hier zu kämpfen, oder? Also ich meine dieses hässliche Gefühl in einer Beziehung: Jede, die schon mal verlassen wurde oder ihr Beziehungsende fürchtet, kann hier bestimmt relaten. Das hat bei mir schon früh angefangen, und zwar, als ich meinen ersten Liebeskummer mit 13 Jahren hatte. Die Trennung kam damals so unvermittelt, und ich hatte mit einem Schlag meine erste große Liebe verloren. Das hat sich so sehr in mir verfestigt, dass ich in jeder meiner Beziehungen bislang immer diese Verlustangst verspürt habe. Bis heute. Echt krass, was das für Auswirkungen haben kann, wenn man einmal wirklich »tief« verletzt wurde.

Aber auch Verlustängste in Bezug auf das Thema Tod spielen leider eine große Rolle in meinem Leben. Ich könnte mir nichts Schlimmeres vorstellen, als wenn eins meiner engsten Familienmitglieder oder einer meiner Freunde sterben würde. Dieser Gedanke ist für mich wie ein Messerstich ins Herz, und jedes Mal wenn er sich bemerkbar macht, verdränge ich ihn sofort. Ich glaube, auch mit dieser Angst bin ich nicht allein, was mich irgendwie gleichzeitig auch ein bisschen beruhigt. Eine Angst beziehungsweise Sorge ist nämlich nicht generell negativ aufzufassen, sondern zeigt dir im Umkehrschluss auch auf, was und wer dir am Herzen liegt. Manchmal lohnt es sich, die Ängste zu überwinden, aber es ist auch okay, sie anzunehmen und zu lernen, damit umzugehen.

Genauso unangenehm ist meine Flugangst: Jede, die darunter leidet, wird mich verstehen. Aber manche Urlaubsziele und fremde Orte erreicht man eben nur mit dem Flugzeug, und deswegen überwinde ich mich jedes Mal aufs Neue. Ich hab immer nass geschwitzte Hände und kann die Nacht davor nicht einschlafen. Dieser Kontrollverlust macht mir sehr zu schaffen. Egal wie oft ich fliege, es wird einfach nicht besser. Manchmal denke ich: »Wow, dieser Flug war echt entspannt, ich glaube, ich habe meine Angst überwunden.« Und dann steht irgendwann der nächste Flug bevor, und dieses mulmige Gefühl ist wieder da, obwohl das Flugzeug erwiesenermaßen das sicherste Verkehrsmittel ist. Verrückt.

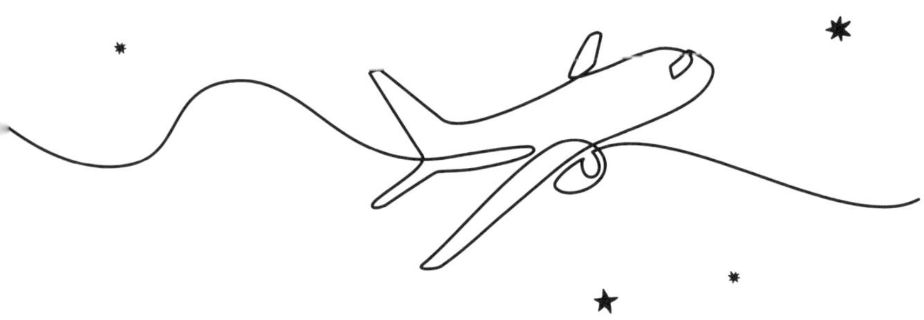

WARUM DU ALLES MACHEN SOLLTEST, WAS DU DICH NIE GETRAUT HAST

Es zerbricht mir das Herz bei all den Nachrichten, in denen ihr mir täglich schreibt: Ich würd so gern, aber ich traue mich nicht. Vielleicht hast du schon das Kapitel gelesen, in dem ich über meine Schulzeit berichtet habe und in der gleichen Situation war. Trust me, ich fühle es so sehr. Aber tief in mir drin habe ich gespürt, dass ich es mit der Musik und mit meinem Social Media durchziehen werde, egal was passiert und egal, wie viele Leute es nicht gut finden werden. Eins kann ich dir sagen: Du wirst es später bereuen, es nicht einmal versucht zu haben. Diesen Vibe möchte ich dir mit auf den Weg geben.

Heute ist der beste Tag, um anzufangen. Vielleicht ist es auch wie bei mir die Musik, Schauspielerei, Social Media. Whatever. Poste deine Vlogs, poste deine Routinen, die du für den Fall der Fälle aufgenommen hast. Lad dein erstes Cover hoch, auch wenn du Angst vor den Kommentaren hast. Fang an, dein erstes Buch zu schreiben. Leb deine Träume! Die Hauptsache ist, dass du später sagen kannst, dass du es wenigstens versucht hast.

Ich liebe es, wenn mir jemand seine eigenen Songs oder Vlogs schickt. Und wenn du ein ganz anderes Talent hast: Ich freue mich riesig, wenn du mich daran teilhaben lässt. Feel free, mir eine Nachricht zu schreiben, ich muss das unbedingt in meiner Story teilen.

WIR PUSHEN DICH JETZT AUF, OKAY?

Hör auf, immer perfekt sein zu wollen. Du bist genug und toll, so wie du bist. Vergleich dich nicht mit anderen. Du bist nicht die, sondern du bist du. Und genau das hat seinen Grund, denn eine tolle Seele wie dich gibt es nur einmal auf der Welt. Sei stolz darauf.

Ich bin mir sicher, dass es ein paar Dinge an dir selbst gibt, die du ultra an dir liebst, aber manchmal aus den Augen verlierst. Mach dir selbst ein Kompliment und kreuze jeweils mindestens drei Dinge an, die du an dir magst:

KÖRPERSTELLEN:

- Lippen
- Narben
- Grübchen
- Augen
- Haare
- Zähne
- Füße
- Beine
- Bauch
- Hände
-
-
-

ICH LIEBE MEINE ART, DENN ICH BIN:

- geduldig
- spontan
- kommunikativ
- höflich
- hilfsbereit
- selbstbewusst
- fair
- fleißig
- gutmütig
- großzügig
- empathisch
- organisiert
- offen
- gewissenhaft
- zuverlässig
- kreativ
- verantwortungsbewusst
-
-
-

WARUM ZEIT ALLEIN SCHÖN SEIN KANN

Früher hatte ich Angst davor, allein zu sein. Angst davor, dass die Gedanken zu laut werden. Dass ich nur mir selbst ausgesetzt bin. Für mich kam Alleinsein gar nicht in Frage. Besonders, als ich unter meinen Panikattacken gelitten habe, hatte ich wirklich ein total beklemmendes Gefühl, wenn meine Freunde nach ihrem Besuch gegangen sind und ich plötzlich alleine in meinem Zimmer saß. Es hat sich so angefühlt, als hätte ich es verlernt, allein zu sein.

Doch irgendwann habe ich genau dieses Problem in Angriff genommen und mir bewusst einige Tage nichts in Gesellschaft anderer vorgenommen. Ich sage dir ehrlich: Diese Tage werde ich in meinem ganzen Leben nicht mehr vergessen. Ich habe manchmal vor lauter Verzweiflung zum Hörer gegriffen und einfach mit Menschen telefoniert, um mich nicht einsam zu fühlen.

Rückblickend habe ich gelernt, dass ich so viele Dinge, von denen ich dachte, man könne diese nur zu zweit oder zu dritt machen, auch alleine bestreiten kann. Dass es sich lohnen kann, die eigene Unsicherheit beiseitezuschieben.

Du kennst das Dilemma bestimmt auch, wenn uns Freunde oder jemand aus der Family für irgendeine coole, womöglich lang geplante Unternehmung kurzfristig absagen. Dann denkst du sofort automatisch: »Boah ne, alleine brauch ich da auch nicht hinzugehen.« Diesen Gedanken gibt es mittlerweile gar nicht mehr bei mir. Dann gehe ich eben alleine. Wachse auch du über dich selbst hinaus und probiere es aus!

Ideen für Solo-Dates

EIN PICKNICK MACHEN

Schnapp dir deine Kopfhörer, pack deine Lieblingssnacks und ein Buch ein und fahre an einen ruhigen Ort für ein schönes Picknick in der Natur.

EIN MUSEUM ODER EINE KUNSTAUSSTELLUNG BESUCHEN

Geh deinem eigenen Interesse nach und schau dir alles in Ruhe an.

SHOPPING IN DER STADT!

Mittlerweile etwas, was ich am liebsten ganz ohne Gesellschaft mache. Ich finde, es gibt nichts Besseres, als in seinem eigenen Tempo zu shoppen, ohne dass jemand ununterbrochen »Wann gehen wir endlich?« fragt.

SELFCARE!

Du brauchst nicht immer jemanden, der dich zum Friseur oder ins Nagelstudio begleitet.

EIN RESTAURANT AUSTESTEN

Ich weiß, es klingt wirklich erst mal hart, aber ich habe mich auch schon selbst zum Essen ausgeführt. Meistens war es mittags in der Stadt, als ich eh alleine shoppen war. Und hey, es hat mir echt irgendwie selbstbewusste Vibes gegeben.

IN EINE KINOVORSTELLUNG GEHEN

Dein Kumpel möchte schon wieder nicht mit in den Film, weil er so was nicht gerne sehen mag? Na, dann schau ihn dir doch einfach alleine an. Erst hatte ich total Angst vor den Blicken, wenn ich alleine ins Kino gehe, aber niemand hat mich komisch angeschaut, und ich konnte in Ruhe mit einer Tüte Popcorn den Film genießen.

MIT EINEM GUTEN PODCAST AUF DEN OHREN SPAZIEREN GEHEN

Eine meiner liebsten Beschäftigungen alleine. Mein Ziel sind ca. 10.000 Schritte am Tag, und dafür bietet sich bei gutem Wetter ein schöner Spaziergang an. Ich liebe diese Stunde Me-Time.

IN DER BUCHHANDLUNG STÖBERN

Das richtet sich jetzt an alle begeisterten Leserinnen, ich liebe es einfach. Wenn ich ein bisschen Therapy-Time für mich brauche, besuche ich den nächstgelegenen Bookstore und lasse mich einfach treiben. Ich liebe diesen Vibe in der Buchhandlung und könnte dort wirklich Stunden verbringen.

EIN NEUES REZEPT AUSPROBIEREN

Ich habe das Kochen in letzter Zeit so krass für mich entdeckt! Irgendwie ist das total beruhigend, und ich kann dabei total gut abschalten.

EINE SPRACHREISE MACHEN

Ich schwöre es dir, ein fremdes Land zu erkunden und dabei die Landessprache zu lernen, ist das Coolste und Beste ever! Ich war mal fast einen Monat lang in London auf Sprachreise. Es hat so viel Spaß gemacht, und ich habe mich wirklich nie fehl am Platz gefühlt.

SICH BESCHENKEN

Ja, du liest richtig. Mit frischen Blumen, deinem Lieblingskaffee oder dem besten Döner in der Stadt. Gönn dir etwas, einfach weil du toll bist und es verdient hast.

Die richtige Person

an deiner Seite

und Deep Talk –

mehr brauchst du nicht.

DEEP TALK

DEEP TALK MIT KATi

Kennst du dich selbst zu 100 %? Ich finde es superwichtig, sich regelmäßig mit seinen Ansichten, Wünschen und Zielen zu beschäftigen. Das gibt mir immer ein gutes Gefühl, vor allem, wenn man vielleicht gerade in einer schwierigen Lebensphase ist und dabei schnell seine größten Erfolge ausblendet und Ziele aus den Augen verliert.

Ich habe ein paar tiefgründige Fragen zusammengestellt, die dir dabei helfen sollen, deine Werte zu erkennen, und dich zugleich daran erinnern, worauf es im Leben wirklich ankommt. Such dir einen ruhigen Platz mit einem Lieblingsgetränk und füll die Eintragelemente in Ruhe aus, so als würdest du mit einer besten Freundin über diese Themen sprechen.

Ich habe auch meine Antworten dazugeschrieben, und wir tun so, als hätten wir ein Deep-Talk-Date, okay?

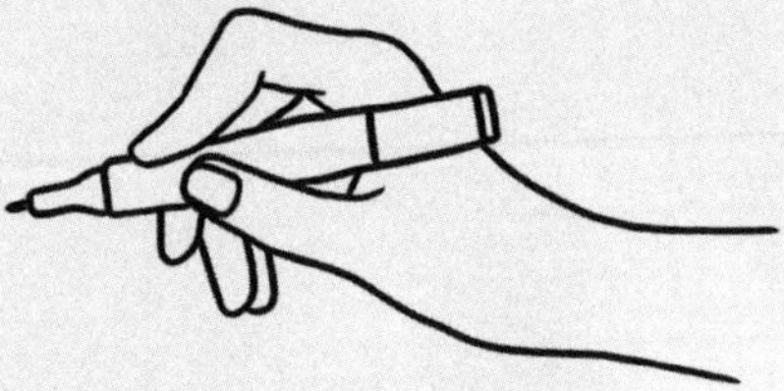

DAS IST MEIN GRÖSSTES GEHEIMNIS:

Puh, das ist echt schwierig. Früher waren meine Ängste und Panikattacken mein kleines Geheimnis, weil ich mich vor Veröffentlichung dieses Buchs lange nicht getraut habe, jemandem davon zu erzählen.

DAS IST MEIN GRÖSSTER ERFOLG:

Definitiv der Anfang meiner Musikkarriere. Ich hätte mir nichts Schöneres vorstellen können. Ich weiß jetzt, was ich für immer machen möchte. Meine Songs und der direkte Austausch mit meiner Community geben mir so viel Kraft und Liebe.

DARAUF BIN ICH STOLZ:

Als Kind habe ich gestottert. Als ich damals Brötchen holen musste, aber kein Wort rausbekommen habe, habe ich die Bestellung beim Bäcker einfach gesungen, da ich beim Singen nie Probleme damit hatte. Da war ich das erste Mal richtig stolz auf mich.

DAS IST MIR BEI MEINEN MITMENSCHEN WICHTIG:

Dass sie mir gegenüber immer ehrlich sind. Das schönste Gefühl ist einfach, mit jemandem abzuhängen und zu wissen: Der oder die würde niemals schlecht über dich hinter deinem Rücken sprechen.

DAS MAG ICH AN MIR AM MEISTEN:

Meine liebevolle und empathische Art. Ich liebe es, anderen Menschen zuzuhören und zu helfen. Das macht mich irgendwie glücklich.

DAS STÖRT MICH IM UMGANG MIT MEINEN MITMENSCHEN:

Wenn jemand nicht zu 100 % ehrlich zu mir ist. Es verletzt mich, wenn ich angelogen werde. Dann kann ich keine richtige Bindung mehr aufbauen.

DAS MAG ICH AM WENIGSTEN AN MIR:

Meine Ungeduld. Ich muss immer sofort Ergebnisse sehen, obwohl die meisten Dinge ja eigentlich ein Prozess sind. Ich zweifle schnell an mir und schmeiße dann direkt alles hin.

SO SEHE ICH MICH IN FÜNF BIS ZEHN JAHREN:

Da möchte ich noch viele weitere Songs herausgebracht haben. Meinen Wohnort würde ich gerne irgendwann ins Ausland verlagern, und in zehn Jahren könnte ich mir auch schon vorstellen, verheiratet zu sein und Kinder zu haben.

DIESE PERSON BEWUNDERE ICH, WEIL …

Am meisten bewundere ich meine Mama. Sie ist wirklich alles für mich. Allein wie sie das alles früher geschafft hat, ist bemerkenswert. Seit meinem fünften Lebensjahr haben wir alleine gewohnt, und sie hat so krass für mich gesorgt. Ich habe eine unglaublich liebevolle Erziehung genossen. Meine Mama hat mir gezeigt, dass man alles schaffen kann, wenn man etwas will, und meine Träume und Ziele immer unterstützt. Dafür bin ich ihr einfach so dankbar.

DAS WOLLTE ICH SCHON IMMER MAL MACHEN:

Do it! Das Leben ist zu kurz, um Dinge nicht zu machen. Plan den Urlaub, den du dir immer gewünscht hast, färb deine Haare, auch wenn du Angst vor dem Ergebnis hast, schreib dieser einen Freundin noch mal, von der du lange nichts gehört hast, aber ihr euch doch eigentlich so gut verstanden habt. Vielleicht konntest du aber diese Sache bisher nicht machen, weil dich irgendwas oder eine Person eingeschränkt hat. Manchmal ist es sogar der (Ex-)Partner. Jetzt ist Schluss damit! Sei deine eigene Priorität und lass dich davon leiten, was nur du allein aus eigenem Antrieb machen willst.

DIESES ZITAT GEHT MIR NICHT MEHR AUS DEM KOPF:

Ich liebe Zitate und ich war immer voll der Fan von irgendwelchen Sprüchen, die direkt ins Herz gehen. Ich habe früher immer Pinterest durchforstet nach den besten Zitaten. Manchmal habe ich sogar kleine Notizbücher mit lebensverändernden Zitaten geführt.

Eine Weisheit, die ich mir immer vor Augen führe: »They told me I couldn't, that's why I did.« Ich liebe das Zitat, weil es irgendwie genau meine Story aus der Schulzeit widerspiegelt. Erst lästern und lachen sie über dich, sagen, du wirst es eh nicht schaffen. Dann ziehst du dein Ding durch, und irgendwann kommen sie wieder an. Das Zitat hat mich schon immer total motiviert.

AN DIESEN TAG WERDE ICH MICH FÜR IMMER ERINNERN, WEIL …

Das war der Tag, als ich ganz alleine den Entschluss gefasst habe, völlig überstürzt in eine neue Stadt zu ziehen. Das war echt heavy und hat mich so sehr positiv geprägt. Aber auch an meine allererste Tour denke ich so oft zurück. Das sind Tage für die Ewigkeit.

DAS WÜRDE ICH MEINEM JÜNGEREN ICH RATEN:

Es kommt im Leben nicht darauf an, möglichst viele Menschen um sich herum zu haben, sondern die richtigen. Früher wollte ich immer viele Freunde haben. Heute verstehe ich, dass es nicht um eine Zahl geht. Lieber zwei echte Freundinnen anstatt zwanzig oberflächliche Freundschaften.

AUS DIESEM GRUND HABE ICH DAS LETZTE MAL GEWEINT:

Hey, danach geht es einem meistens schon besser.
Manchmal muss es einfach raus, und das ist voll okay!

WAS BELASTET DICH?

Bei mir sind es oft die »einfachsten« Dinge, wie den Haushalt zu schmeißen oder meine Finanzen im Blick zu behalten. Gerade, wenn es einem manchmal mental nicht gut geht, fehlt dafür die Kraft. Das belastet mich sehr. Aber wie wäre es, wenn wir alle ab sofort eine Sache in Angriff nehmen, die wir schon viel zu lange vor uns herschieben? Wenn du einmal angefangen hast, wird es immer leichter. Wenn du das machst, dann schaff ich das auch! Let's go.

Eine gute Freundschaft

misst man nicht immer daran,

wie lange man sich kennt.

Manchmal kommen die besten Menschen

ganz plötzlich in dein Leben,

und du merkst sofort:

Das ist jetzt für immer.

FREUND
SCHAFTEN

HEARTBROKEN WEGEN EINER FREUNDSCHAFT?

Irgendwie gar nicht so einfach, noch wirklich echte Freunde zu finden. Ich struggle noch heute damit. Nicht, weil ich ein introvertierter Mensch bin und es mir generell schwerfallen würde, auf Menschen zuzugehen, eher im Gegenteil. Ich bin sehr offen und kommunikativ und liebe es, neue Menschen kennenzulernen. Aber leider musste ich in den letzten Jahren auch einige Male feststellen, wer wahre Freunde in meinem Leben sind und wer nicht. Und das waren am Ende wirklich nicht mehr viele. Besonders hat mich verletzt, das wahre Gesicht von manchen vermeintlichen Freunden zu erkennen. Unser Herz kann genauso heartbroken sein, wenn eine Freundschaft kaputtgeht, wie wenn eine Partnerschaft auseinanderbricht. Denn freundschaftliche Liebe kann mindestens genauso intensiv sein.

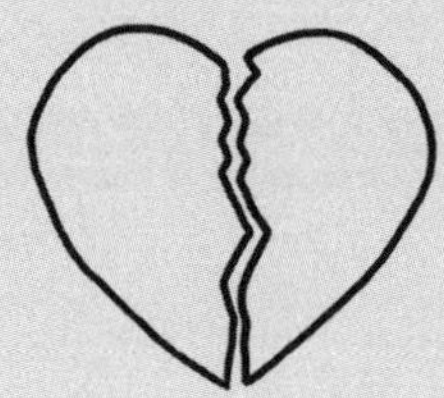

Wer mich von Social Media kennt, weiß, dass ich mit verlorenen Freundschaften mittlerweile sehr offen umgehe. Ich habe nicht viele Freunde. Ich kann sie wirklich an einer Hand abzählen. Manchmal fühle ich mich deswegen einsam, wenn niemand von meinen Freunden Zeit hat. Aber irgendwie ist an dem Sprichwort »Weniger ist mehr« auch etwas dran. Was bringen viele Freunde, wenn die Hälfte davon nicht real ist, sondern nur oberflächliche Bekanntschaften, mit denen du ein-, zweimal flüchtig etwas unternommen hast? Ich habe in der letzten Zeit gelernt, dass es wirklich besser ist, nur ein paar gute Menschen in meinem Leben zu haben, auf die ich wirklich zählen kann und weiß, hey, das ist auch irgendwie Familie.

Manchmal fehlt mir trotzdem noch diese eine beste Freundin. Dieser eine Mensch, dem ich blind vertrauen kann und der mich nicht verbiegen will. Wie schön wäre es, die verlorene Seelenschwester zu finden ... Vielleicht ist das aber nur eine Wunschvorstellung, weil ich zu viele Hollywoodfilme geschaut habe, in denen man 24/7 miteinander abhängt und das Zuhause der besten Freundin mit dem eigenen gleichgesetzt ist. Ob es das in Real Life wirklich gibt? Ich weiß nicht. Aber schön wäre es definitiv.

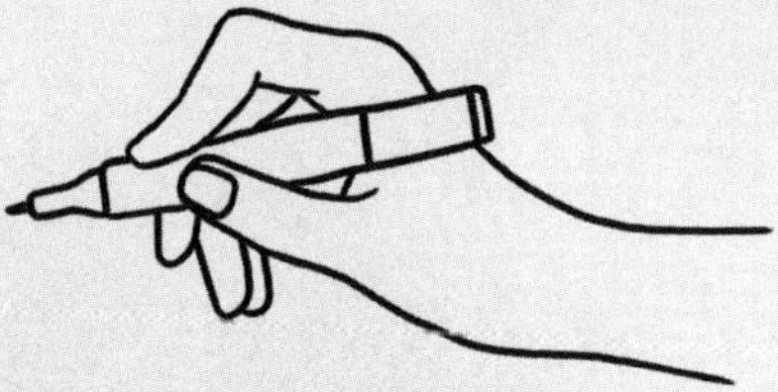

Was mir in einer Freundschaft wichtig ist

Es ist so unfassbar viel wert, wenn du weißt, worauf du bei einer echten Freundschaft Wert legst. Mir ist es zum Beispiel extrem wichtig, dass ich mit meinen Freund innen immer offen und ehrlich sprechen kann. Gute Freunde akzeptieren einen, so wie man ist. Sobald ein Mensch anfängt, dich verändern zu wollen, hat das nichts mehr mit Freundschaft zu tun.*

Katis fünf goldene Freundschafts-Goals

EINANDER VERTRAUEN

Meiner Meinung nach das Allerwichtigste in einer Freundschaft. Du solltest dir nie Sorgen darüber machen müssen, ob du deiner besten Freundin etwas erzählen kannst. Sonst lebst du doch in ständiger Angst, deine Geheimnisse könnten weitererzählt werden, und das ist nicht cool.

RITUALE EINFÜHREN

Ich liebe es, zum Beispiel einmal im Monat einen Beauty-Abend at home mit meiner BF zu veranstalten. So verliert ihr euch nie aus den Augen, und du kannst dich immer auf das nächste Treffen freuen.

REGELMÄSSIG KONTAKT HALTEN

Vor allem dann, wenn ihr euch nicht so oft seht, zum Beispiel, weil deine Freundin wegzieht oder du eine stressige Phase hast. Ganz wichtig ist hier, dass du die damit verbundenen Moodswings und Emotionen nicht auf eure Freundschaft projizierst. Updated euch in so einer Zeit durch Nachrichten oder Telefonate, und seid eine Stütze für den anderen.

GEMEINSAME ERLEBNISSE SCHAFFEN

Ich liebe es, wenn man in einer Freundschaft Momente für die Ewigkeit kreiert. Und dazu gehört es, auch mal neue Dinge auszuprobieren, die einen zusammenschweißen. Vielleicht möchte deine Freundin schon ewig eine Dance Class machen, aber traut sich nicht. Go for it! Daran werdet ihr euch auch Jahre später noch erinnern.

PROBLEME IMMER PERSÖNLICH ANSPRECHEN

Wir kennen das alle: Du schreibst etwas über WhatsApp, aber das Gegenüber fasst die Nachricht komplett falsch auf. Gerade bei Themen, die dir nahegehen, ist das nervenaufreibend! Deswegen bin ich in diesen Fällen immer ein Fan von persönlichen Gesprächen. Da geht man viel liebevoller miteinander um und kann sich im Ernstfall schneller versöhnen. Körpersprache macht unfassbar viel aus! Und wenn es gerade gar nicht anders geht, formuliere deine Herzensangelegenheit als Sprachnachricht. Das gesprochene Wort bringt sie besser auf den Punkt als ein geschriebener Text, in den viel hineininterpretiert werden kann.

WIE DU NEUE FREUNDINNEN FINDEST

Mein Lieblingsthema! Ich fiebere schon die ganze Zeit darauf hin, mit dir darüber zu sprechen. Ich bin zweimal in meinem Leben umgezogen. Aus meiner alten Heimatstadt nach Köln, und von Köln nach München. In München fällt es mir bis heute schwer, wirklich enge und neue Kontakte zu knüpfen, woraus dann eine Freundschaft entstehen könnte. Da ich als Sängerin und Content Creatorin sehr oft unterwegs bin und keinen festen Arbeitsplatz habe, ist es gar nicht mal so leicht, Freund* innen zu finden, die in der Nähe wohnen.

Irgendwann habe ich mich wirklich einsam gefühlt und gedacht: »Hey, ergreif doch selbst die Initiative, lad dir eine App wie Bumble runter oder starte einen Aufruf auf Social Media.« Meine Überwindung hat sich ausgezahlt. Über diese App habe ich wirklich zwei süße Mädels kennengelernt, denen die Freundschaftssuche in der Stadt auch ziemlich schwergefallen ist. Das war echt mega cool.

Ideen für die Freundschaftssuche

NEUE SPORTARTEN

Als ich mich damals neu im Fitnessstudio angemeldet habe, kannte ich dort wirklich niemanden. Dann ist mir ein Mädchen aufgefallen, weil es wunderschöne blonde Haare hatte. Ich habe all meinen Mut zusammengenommen und sie auf ihre Haare angesprochen. So kamen wir ins Gespräch, und unsere Freundschaft besteht bis heute. Trau dich, auf fremde Mädchen zuzugehen. Mit einem ernstgemeinten Kompliment machst du schon mal einen super Anfang.

FACEBOOK-GRUPPEN

Was, Kati, du hängst noch auf Facebook rum? Ja klar, denn da gibt es die besten Gruppen, um neue Leute kennenzulernen. Besonders wenn man in eine neue Stadt zieht, ist das wirklich praktisch. Diese Gruppen heißen dann zum Beispiel »Neu in *deine Stadt*«.

ÜBER FREUNDE

Du bist mit Freunden unterwegs, und dann stoßen noch andere Leute dazu, die du noch nicht kennst. Connecte dich mit ihnen, auch wenn es vielleicht ein bisschen Überwindung kostet. Stell Fragen und integriere dich ins Gespräch.

AUSFLÜGE

Zumindest in der Stadt werden häufig coole Aktivitäten angeboten. Eine Museumsführung, ein Tagestrip ans Meer oder ein Städtetrip nach Paris: Vielleicht ist dort noch jemand auf der Suche nach einem Wegbegleiter.

URLAUBSREISEN MIT FREMDEN MENSCHEN

Keine Panik, das könnte wirklich cool werden. Kennst du Reisen für Jugendliche oder junge Erwachsene? Es gibt sogar auch Singles-Reisen. Die sind speziell auf neue Bekanntschaften ausgelegt. Die meisten, die dort mitfahren, sind alleine. Das gibt es als Dating-Edition, aber auch »normal«. Die beste Voraussetzung für neue Freundschaften, weil alle aufgeschlossen und abenteuerlustig sind.

TIKTOK-KOMMENTARE

Schau mal auf meinem TikTok-Profil vorbei! Da gibt es einige Videos, worüber du dich connecten kannst. Meistens schreiben die Interessierten dafür Namen, Alter und ihre Stadt in die Kommentare. Dadurch haben sich schon viele Freundschaften entwickelt. Das hat mich so unglaublich gefreut!

Achtung: Sei bei Bekanntschaften über Social Media vorsichtig. Falls es zu einem ersten Treffen kommt, verabrede dich zuerst an einem öffentlichen Ort.

Ich bin mir sicher, dass du deine Soul Mates bald findest!

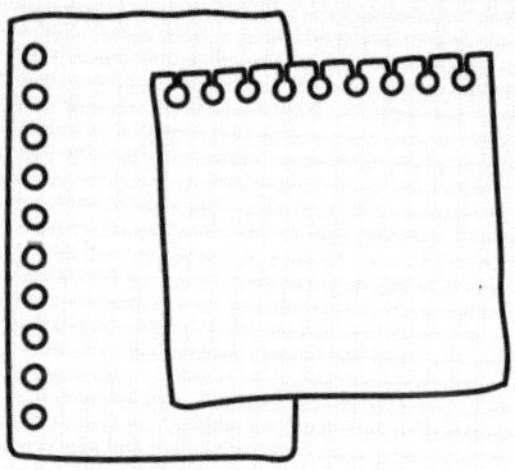

Better Together: Best-Friends-Activities

Vielleicht hast du schon eine beste Freundin seit Kindheitstagen oder gerade erst eine neue Freundschaft geschlossen? Ich habe eine Liste mit jeder Menge Best-Friends-Activities zusammengestellt. Sei vorbereitet mit vielen Ideen für gemeinsame Unternehmungen. Ich verspreche euch, Langeweile wird hier nicht aufkommen. Stell dir Einmachgläser mit vielen kleinen Zetteln vor.

Schafft gemeinsame Erinnerungen und stärkt euer Freundschaftsband. Ich freue mich über ganz viele Verlinkungen in deinen Stories und TikToks!

AKTIVITÄTEN FÜR DIE WARME JAHRESZEIT

Cocktail-Night mit erfrischenden (anti)alkoholischen Getränken

Polaroids machen

Fotoshooting in der Natur

Tauschpaket mit Sommersachen

XXL-Brunch

Wanderung mit Snacks und Musikbox

Inline-Skaten

Ausflug ans Meer

Städtekurztrip

Zelten gehen

Zimmer dekorieren und umstellen

Früchte pflücken und daraus Marmelade machen

Outdoor-Kino

Tretboot fahren

Gartenparty mit Grillen

Fahrradtour

Picknick am See

Ins Freibad gehen

Jede Eisdiele in der Stadt austesten und bewerten

Auf dem Balkon unter freiem Himmel schlafen und nachts die Sterne beobachten

Yoga-Session im Freien

Neue Podcasts entdecken

AKTIVITÄTEN FÜR DIE KALTE JAHRESZEIT

- Duftkerzen selbst machen
- Wellness-Tag zu Hause
- Ausflug zu IKEA
- Plätzchen backen
- Spieleabend
- Puzzeln
- Pizza selbst machen
- Eislaufen gehen
- Geschenke-Shopping für Weihnachten
- Kleiderschrank ausmisten
- Weihnachtsbaum schmücken
- Weihnachtsplaylist erstellen
- Vlogs oder TikToks drehen
- Mandalas ausmalen
- Zockerabend machen
- Weihnachtsfilm-Marathon starten
- Escape-Room besuchen
- Museum in eurer Stadt auschecken
- Schneespaziergang machen
- Weihnachtsmarkt besuchen
- Glühwein trinken
- Deep Talk in einem Café
- Ins Liegekino gehen und verwöhnen lassen
- Besuch in der Therme
- Keramik bemalen
- Nachtflohmarkt besuchen

WEIL MANCHE FREUNDSCHAFTEN NICHT FÜR DIE EWIGKEIT BESTIMMT SIND

In den letzten Jahren habe ich leider ein paar Freundschaften verloren. Zum Glück gab es da nie einen schlimmen Vorfall. Man hat sich einfach auseinandergelebt, und jede*r ist den eigenen Weg gegangen, ohne an die andere Person zu denken. Das war ein großer Fehler. Die Schuld lag nicht immer bei der anderen Person, das muss ich an dieser Stelle klarstellen. Mit Sicherheit war auch ich manchmal der Grund dafür, dass man sich entzweit hat. Und das bereue ich in manchen Momenten sehr.

So ist eine Freundin damals in eine andere Stadt gezogen und hat sich gar nicht mehr bei mir gemeldet. Es kam nur noch ein »Berlin ist so schön, du musst auch mal kommen«, woraufhin ich dann »Gerne, wann hast du Zeit?« erwidert habe, aber seitdem ist Funkstille. In dem Moment war ich einfach zu stolz, um noch mal zu schreiben. Vielleicht hat sie einfach in einer Phase gesteckt, und ich habe es nicht bemerkt? Ich mache mir bis heute Vorwürfe. Aber kennt ihr diesen Moment, wenn schon so viel Zeit vergangen ist, dass man Angst hat, dass es cringe rüberkommt, wenn man sich noch mal meldet?

Schmerzhaft war auch die Erfahrung, dass mich einige wirklich sehr enge Freunde nach meinem Umzug nach München einfach geghostet haben. Ich weiß bis heute nicht, ob die Entfernung das Problem war oder ob sie etwas anderes gestört hat. Ich habe wirklich so oft nach einem Wiedersehen gefragt, und doch kam immer nur ein »Zu viel Stress gerade, melde mich die Tage«. So ist die Freundschaft langsam ausgelaufen.

Ich kann das irgendwie immer noch nicht begreifen und frage mich ständig: »Warum? Was habe ich falsch gemacht?« Ich habe es auf so vielen Wegen probiert, so oft angerufen oder sogar mal ein kleines Überraschungspaket mit einem kleinen Souvenir aus München geschickt, aber irgendwie hat das alles trotzdem nicht funktioniert. Das Einzige, was ich noch mitbekommen habe, ist, dass eine meiner engsten Freundinnen von früher nun eine neue beste Freundin hat: das Mädchen, das wir beide nie mochten, weil sie sich damals immer wieder an meinen damaligen Freund rangemacht hat. Als ich durch die Stories geswipt bin und das gesehen habe, war ich erst mal geschockt und traurig, weil man so was ja irgendwie nicht erwartet.

Wie du Fake Friends entlarvst

Fünf Anzeichen dafür, dass dir eine Person nicht guttut. Pass auf dich auf!

Sie gibt dir das Gefühl, klein und wertlos zu sein.

Sie redet nur über sich. Auf deine Probleme geht sie nicht ein. Du wirst nie gefragt, wie es dir geht.

Sie meldet sich nicht bei dir oder nur, wenn es in ihrem Interesse ist.

Nach einem Treffen fühlst du dich kraftlos und leer.

Sie behandelt dich von oben herab, und du hast Angst, etwas falsch zu machen.

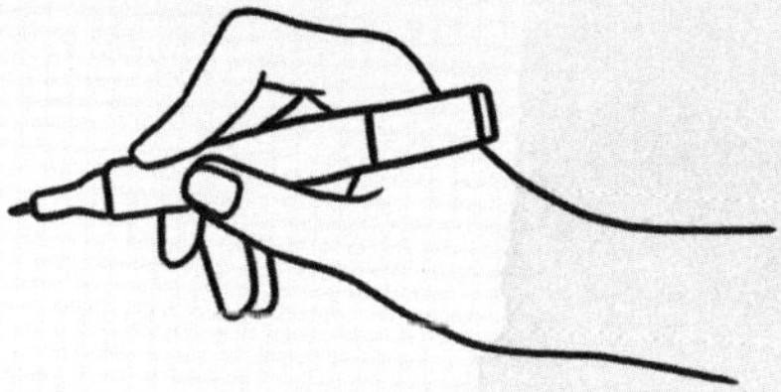

Liebe ehemalige Freundin, ...

Welche deiner Freundschaften war nicht für die Ewigkeit bestimmt? Formuliere eine Nachricht an eine ehemalige Freundin und schreib dir alles von der Seele.

Wie du bestehende Freundschaften aufrecht-erhältst

Der Moment, wenn sich die Lebensumstände ändern und jemand wegziehen muss. Die Schule wechselt oder einen neuen Job hat. All das sind Umstände, die einer Freundschaft im ersten Moment erst mal nicht guttun können.

Doch genau dann solltest du anfangen, deine Freundschaft bewusst »zu pflegen«. Pass bloß auf, dass sie nicht anfängt »auszulaufen«, wenn dir etwas an der Person liegt. Doch wie kann ich eine gute Freundschaft pflegen und genau so eine Situation verhindern?

Wie die Liebe in einer romantischen Beziehung ist sie auch im freundschaftlichen Sinne meiner Meinung nach »Arbeit«. Aber sie bringt eine gewisse Leichtigkeit mit sich, wenn es eine Freundschaft auf Augenhöhe ist. Man muss sich immer aktiv dafür entscheiden, mit jemandem befreundet zu sein, und dies auch mit Worten und Taten zeigen. Besonders, wenn ihr eine Freundschaft mit räumlicher Distanz führt.

»Auch wenn wir uns länger nicht sehen, ist immer alles wie früher, wenn wir uns wiedersehen.« Jackpot! So eine Freundschaft wünscht sich doch eigentlich jede von uns, oder? Trotzdem sollte man nicht vergessen, den anderen mal ab und zu anzurufen oder eine liebe Nachricht zu schicken. Vielleicht bist du ja gerade im Urlaub und siehst ein Armband, das deiner Freundin gefallen könnte. Überrasch sie damit und zeig ihr, wie wertvoll sie für dich ist.

Komm' wir halten's lieber geheim

Besser wenn von uns niemand weiß

Schweigen ist der größte Liebesbeweis

Nur du und ich wissen Bescheid

Aus *Liebesbeweis*

LIEBES BEZIEHUNGEN

♥

WIE DU DEINE BEZIEHUNG AUF EIN NEXT LEVEL BRINGST

Nicht jede, die dieses Buch in den Händen hält, hat gerade Heartbreak wegen einer Trennung oder einem bevorstehenden Liebes-Aus. Dieses Kapitel kommt allen zugute, die gerade in einer Liebesbeziehung sind.

LIEBE IST ARBEIT

Wie hält meine Beziehung für immer? Was mache ich, wenn ich mit meinem Freund unglücklich bin? Das alles sind Fragen, die ich mir auch schon so oft in der Vergangenheit gestellt habe. Eine Erkenntnis kann ich schon mal vorwegnehmen: Beziehung ist Arbeit. Liebe ist Arbeit. Der Spruch »Lieben ist ein Verb, das muss man tun« könnte wahrer nicht sein.

Vielleicht bist du schon seit mehreren Jahren in einer festen Beziehung und zweifelst manchmal daran, ob er wirklich der Partner deiner Träume ist oder ob euch nur noch die Gewohnheit zusammenhält? Besonders in Streitphasen neigen wir dazu, alles hinzuschmeißen, und hinterfragen, ob wir überhaupt noch glücklich sind. Das kenne ich viel zu gut von mir selbst.

Irgendwann bin ich auf das eigentliche Problem gestoßen. Wir haben uns einfach irgendwie auseinandergelebt und dabei gemerkt, dass wir doch ziemlich verschieden sind und sehr viele unterschiedliche Ansichten vom Leben haben. Und dann kam das Eine zum Anderen. Wir haben irgendwann aufgehört, an der Liebe zu arbeiten. Wir sind nicht mehr auf Dates gegangen, lagen nur noch nebeneinander auf der Couch und haben Netflix geschaut. Erzählt haben wir uns schon lange nichts mehr. Über Probleme und Sorgen haben wir, wenn, nur noch flüchtig gesprochen. Unsere Gespräche waren sehr oberflächlich, weil man irgendwie den Eindruck hatte, man hat dem anderen nichts mehr zu erzählen. Wir haben gemerkt, dass unsere Liebe einfach nicht mehr für eine Beziehung reicht.

Doch so muss es nicht immer sein. Solange noch ein leichtes Liebesfeuer flackert und beide bereit sind, für die Beziehung zu kämpfen und Lösungen zu finden, kann es klappen. Aber nur bis zu einem gewissen Grad. Wenn ihr momentan in dieser kritischen Phase seid, dann hilft dir beziehungsweise euch das nächste Kapitel hoffentlich weiter.

ZEIT ZU ZWEIT

Legt einen Tag fest, an dem ihr etwas Schönes zu zweit unternehmt. Dieser Tag gehört nur euch. Lasst eure Handys in den Taschen und konzentriert euch nur aufeinander. Vielleicht habt ihr zusammen auch eine Lieblingsbeschäftigung, die ihr einmal im Monat als festes Ritual einführt. Hauptsache, ihr verlernt nicht, gemeinsame Zeit miteinander zu verbringen.

Jetzt fragst du mich vielleicht: Kati, aber ich sehe ihn doch jeden Tag! Ja, das mag sein. Aber bedeutet das automatisch, aktiv Zeit miteinander zu verbringen? Nein. Bei mir hat es sich damals teilweise so angefühlt, als würden wir in einer WG leben. Jeder kam am Ende des Tages nach Hause, hat sich etwas zu Essen gemacht und den Fernseher eingeschaltet. Ein kurzer Begrüßungskuss, das war's. Wochen und Monate sind vergangen, ohne dass wir etwas zusammen unternommen haben.

Deswegen lautet mein Appell an dich: Arbeite täglich an deiner Beziehung! Vielleicht gefallen dir ja ein paar Aktivitäten aus meiner Liste für euer nächstes Date.

Date-Activities

Hier sind ein paar Anregungen für dich und deinen Partner. Natürlich kannst du diese Dinge auch allein oder mit einer anderen Lieblingsperson unternehmen. Wenn ihr eine Sache gemacht habt, kannst du sie gerne abhaken.

- Erstellt gemeinsam **PLAYLISTS FÜR VERSCHIEDENE ANLÄSSE** mit euren Lieblingsliedern (zum Beispiel Roadtrip, beim Kochen, Kuschelstunde usw.).

- Macht einen **WELLNESSTAG**. Shoppt dafür vorher ordentlich bei *dm* ganz viel Badesalz, Augenpads, eine verwöhnende Maske.

- Lernt zusammen eine **NEUE SPRACHE**! Ich verspreche euch: Das kann so viel Spaß machen, besonders, wenn es beide noch absolut nicht können. Irgendwann fliegt ihr dann zusammen in das Land und beherrscht einfach komplett die Sprache!

- Veranstaltet eine **ART-NIGHT**. Besorgt euch kleine Leinwände und Farbe, und los geht's! Diese Bilder könnt ihr dann bei euch aufhängen und habt eine Erinnerung an den gemeinsamen Abend.

URLAUB PLANEN UND BUCHEN. Stöbert euch einen ganzen Abend durch die verschiedenen Booking-Seiten und lasst euch inspirieren, wo es als Nächstes für euch hingehen könnte.

KRIMIDINNER. Veranstaltet mit befreundeten Pärchen ein Krimidinner, ist wirklich ultra lustig und sehr spannend.

Wann habt ihr das letzte Mal gebacken? Probiert **NEUE REZEPTE** aus. Vielleicht auch passend, wenn ihr am nächsten Tag Oma und Opa besuchen geht, die sich definitiv über eure Eigenkreation freuen.

KLETTERWALD. Für alle Abenteuerlustigen ist das genau das Richtige. Probiert es unbedingt aus.

Wart ihr schon mal zusammen **WANDERN**? Packt euch einen riesigen Wanderrucksack mit Snacks und Drinks ein, und natürlich noch eine Musikbox dazu. Das wird mega, vertraut mir.

Ab in die **THERME**. Fahrt in eure nächstgelegene Therme und genießt einfach mal Ruhe und Entspannung.

Eine eigene **PIZZA MACHEN**. Am besten in Herzform. Belegt eure Pizza nach Wahl und vibet dabei zu eurer Lieblingsmusik und guten Gesprächen.

Wart ihr schon mal zusammen in der **BIBLIOTHEK** oder habt intensiv Zeit in einer Bücherei verbracht? Probiert es unbedingt mal aus. Lasst euch von neuen Büchern inspirieren und tauscht eure Leseempfehlungen untereinander aus.

FILM- UND SERIEN-NIGHT. Mein persönlicher Favorit, wenn die Tage kürzer und vor allem kälter werden. Ihr wolltet sicherlich irgendwann mal eine Serie zusammen anfangen, aber habt es noch nicht geschafft, oder? Dann beginnt jetzt euren Serienmarathon!

DANCE CLASS? Ihr beide? Warum nicht? Probiert es aus, bevor ihr es verurteilt!

Eine meiner absoluten Lieblingsbeschäftigungen ist das **AUTOKINO**. Vorher in den Supermarkt und die Lieblingssüßigkeiten einpacken und den Film im Auto genießen, mega romantisch.

GAME-NIGHT. Holt eure alte Spielekonsole raus und zockt zusammen ein paar Runden. Als ich das das erste Mal wieder gemacht habe, wusste ich gar nicht, wie viel Spaß das überhaupt macht.

FLOHMARKT-SHOPPING. Ultra cool, wirklich! Vor allem gibt es in manchen Städten auch einen Midnightbazar, der bis in die Nacht geht.

Besucht zusammen ein **MUSICAL**. Wer so was noch nie gesehen hat: Es ist unbedingt einen Besuch wert.

COCKTAIL-NIGHT. Probiert zusammen neue Cocktails aus, die ihr selbst mixt. Ohne Anleitung, nur nach Gefühl. Das könnte lustig werden, und vielleicht habt ihr ja bald euren ultimativen Lieblingscocktail gefunden.

TIERHEIMBESUCH. Führt doch mal ein paar Hunde aus. Macht einen langen Spaziergang zusammen, und am Ende hattet nicht nur ihr einen tollen Tag, sondern auch die Hunde im Tierheim.

PICKNICK am See. Das ist einfach ein total schöner Vibe: eine meiner liebsten Beschäftigungen bei sonnigem Wetter!

Ein **SHOPPING-TAG**. Macht euch einen tollen Bummeltag in der Stadt. Probiert zusammen Sachen an, geht in euer Lieblingsrestaurant und genießt den Tag im großen Trubel.

Geht zusammen **CAMPEN**! Wer auf Abenteuer steht, sollte das unbedingt mal an einem warmen Sommertag machen. Adrenalin pur!

EISLAUFEN. Im Winter ein absolutes Must! Und danach einen heißen Glühwein gönnen.

DEEPE FRAGEN UND INTENSIVE GESPRÄCHE.

Deep-Talk-Fragen für Paare

Damit ihr die Date-Idee »Deepe Fragen und intensive Gespräche« direkt in die Tat umsetzen könnt, habe ich ein paar Fragen zur Inspiration aufgeschrieben. Lernt einander noch besser kennen.

- Was schätzt du an mir?

- In welchen Situationen fühlst du dich von mir geliebt?

- Warum führen wir eine glückliche Beziehung?

- Warum hast du dich in mich verliebt?

- Wie sieht ein perfekter Tag bei dir aus?

- Wann habe ich dich das letzte Mal zum Lachen gebracht und warum?

- Unsere schönste gemeinsame Erinnerung?

- Wenn du unsere Beziehung in drei Worten beschreiben müsstest, welche wären es?

- Welche drei Dinge gehören auf unsere gemeinsame Bucket-List?

- Wie kann ich dich noch besser unterstützen?

- Wo siehst du uns beide in fünf Jahren?

WIE DU EINE GESUNDE BEZIEHUNG FÜHRST

Das könnte man jetzt damit beantworten: Na ja, eben wenn du zufrieden bist und dein Partner auch. Aber mal Real Talk: Was ist das Fundament für eine harmonische Beziehung?

SELBSTLIEBE

Ich persönlich finde, dass eine Beziehung zuallererst bei einem selbst beginnt. Stichwort Selbstliebe. Denn wie will man jemanden lieben und mit jemandem glücklich sein, wenn man es nicht mal mit sich selbst ist? Also arbeite an deiner Beziehung mit dir selbst. Befasse dich mit deinem inneren Ich und verbringe Zeit mit dir alleine, um dich selbst richtig kennenzulernen. Ich spreche da aus Erfahrung: Der wohl schlimmste Fehler, den man machen kann, ist sich einzureden, erst glücklich sein zu können, wenn man in festen Händen ist. Single-Sein bedeutet nicht gleich Einsam-Sein. Also, vergiss dich selbst nicht. In einer glücklichen Beziehung gehört auch Freiraum dazu.

VERTRAUEN

Lerne zu vertrauen. Auch wenn du in der Vergangenheit schlechte Erfahrungen gemacht hast, ist es wichtig, diese nicht auf den Partner zu übertragen. Ich weiß, das fällt sehr schwer, aber du musst es wirklich versuchen. Vielleicht hilft es schon, wenn du ihm deine Trigger nennst. In einer gesunden Beziehung wird dein Partner auf deine Trigger und Ängste eingehen, und ihr werdet zusammen eine Lösung finden. Definiere deine persönlichen Grenzen: Was darf auf keinen Fall vorkommen?

WERTSCHÄTZUNG

Eine glückliche Beziehung zeichnet sich für mich außerdem dadurch aus, dass man sich und vor allem seinen Partner auch wertschätzt. Hier sind es oft die kleinen Dinge, das kleine Kompliment am Morgen, ein Zettel, bevor man das Haus verlässt, oder die 1-Euro-Rose vom Rewe, die du deinem Partner einfach als kleines Mitbringsel eingepackt hast. Unterstützt euch gegenseitig bei eurem Beruf oder Hobby und zeigt dem anderen Wertschätzung, selbst wenn es nur Kleinigkeiten sind.

KOMMUNIKATION

Meiner Meinung nach der Schlüssel für alles und das A und O in einer Beziehung. Nur wer offen reden kann, kann auch Probleme beseitigen und Lösungen finden. Ihr seid doch ein Team, oder? Wenn euch also etwas auf dem Herzen liegt, sprecht darüber, hört einander zu und stellt Fragen, wenn euch etwas bedrückt. Nur so könnt ihr Konflikte miteinander lösen.

DIE FÜNF SPRACHEN DER LIEBE

Last but not least: Kennst du deine und seine Liebessprache? Der Begriff stammt aus der Paartherapie und wurde von dem Beziehungsberater Gary Chapman geprägt. Es gibt darüber auch ein Buch von Chapman, und ich liebe es! Vielleicht habt ihr davon ja schon mal gehört.

Die Liebessprache beschreibt die Art, wie jemand seine Liebe ausdrückt. Laut Chapman gibt es fünf verschiedene Love Languages. Für eine gesunde Beziehung ist es sehr hilfreich, die eigene Liebessprache und die seines Partners zu kennen, um Missverständnisse zu vermeiden. Es muss nicht klischeehaft der riesengroße Blumenstrauß sein, je nach Persönlichkeit lassen sich auch zwischen den Zeilen oder in kleinen Gesten jede Menge Liebesbekundungen wiederfinden. Natürlich musst du dich nicht auf eine Liebessprache festlegen, aber eine oder zwei davon werden am ausgeprägtesten sein. In welcher findest du dich wieder und wie bringt dein Partner seine Zuneigung zum Ausdruck?

Die fünf Liebessprachen – Der Schlüssel für alles?

LOB UND ANERKENNUNG: Du wünschst dir Komplimente und verbale Wertschätzung. Du freust dich über liebevolle Textnachrichten und Lob.

ZWEISAMKEIT: Du wünschst dir eine bewusste Zeit zu zweit. Für dich gibt es nichts Schöneres als ungeteilte Aufmerksamkeit.

GESCHENKE: Du wünschst dir kleine Aufmerksamkeiten. Die Geste des Beschenktwerdens ist dir sehr wichtig.

HILFSBEREITSCHAFT: Du wünschst dir Unterstützung. Du schätzt kleine »Acts of Service« sehr.

ZÄRTLICHKEIT: Du wünschst dir physische Berührungen. Du liebst körperliche Intimität.

SO DRÜCKE ICH MEINE LIEBE AUS:

SO DRÜCKT ER SEINE LIEBE AUS:

Meine Liebessprache ist auf jeden Fall Zweisamkeit und Hilfsbereitschaft. Ich liebe es, mit meinem Freund viel Zeit zu zweit zu verbringen. Wenn er von sich aus ein Kino-Date für uns beide organisiert oder wir einen langen Spaziergang machen, geht mein Herz auf. Genauso glücklich macht es mich, wenn er mir Dinge im Haushalt abnimmt oder mir bei anderen Sachen hilft, bei denen ich nicht weiterkomme. Diese Unterstützung ist für mich ein großer Liebesbeweis.

KANN ICH MEINE BEZIEHUNG NOCH RETTEN?

Schwierig. Bei mir hat das damals nicht geklappt, weil mein Ex-Freund und ich uns zu krass auseinandergelebt haben. Aber solange ihr eine aufrichtige Beziehung führt und »nur« eine schwierige Phase durchlebt, würde ich diese Frage definitiv mit Ja beantworten. Wenn beide gleichermaßen dazu bereit sind, an der Beziehung zu arbeiten, stehen die Chancen zunächst gut, wieder zueinanderzufinden. Ich glaube, das hat auch ganz viel mit der eigenen Einstellung und der des Partners zu tun. Du redest dir die ganze Zeit ein, dass es so gut wie vorbei ist? Dann wird es schwierig, die Beziehung zu retten, und du solltest sie nach ein wenig Bedenkzeit beenden. Du bist bereit, dafür zu kämpfen, und willst gemeinsam mit deinem Partner Lösungen finden? Dann stehen die Chancen gar nicht schlecht, dass ihr es wieder hinbekommt.

DAS WICHTIGSTE: KOMMUNIKATION

Falls du gerade an diesem Punkt bist oder irgendwann vielleicht mal an diesen Punkt gelangen solltest, dann sprich offen mit deinem Partner. Kommunikation auf Augenhöhe ist das Stichwort. Wenn dein Freund nicht bereit dazu ist, dann ist es ein stilles Geständnis, dass es keine Zukunft mehr für die Beziehung gibt. Wenn ihr kleine Pausen zum Innehalten benötigt, ist das natürlich vollkommen in Ordnung, aber ein gegenseitiges Anschweigen über einen längeren Zeitraum oder Ignoranz bringt euch nicht weiter, sondern treibt euch nur noch mehr auseinander.

Findet neue Rituale für euch, schwelgt gemeinsam in schöner Erinnerung und kreiert neue Momente. Wie wäre es, wenn ihr euer erstes Date noch mal nachahmt oder dort spazieren geht, wo ihr euren ersten Kuss hattet? Schätzt das, was ihr aneinander habt, und verliert euch nicht in euren Problemen, sondern versucht, sie aktiv in den Griff zu bekommen.

Das setzt natürlich voraus, dass du dich grundsätzlich in der Beziehung wohlfühlst. Dein Freund ist eine laufende Red Flag? Du bist ununterbrochen traurig und enttäuscht? Dann sehe ich für eure Beziehung leider keinen Ausweg mehr. Eine Beziehung sollte immer eine Bereicherung sein, keine Belastung. Kenne deine Grenzen und überschreite sie bitte nicht, auch wenn's weh tut. Du hast es verdient, Wertschätzung und Liebe zu erfahren. Und das zu jedem Zeitpunkt!

Kein »Wir« mehr?

Es hat mir schon oft die Augen geöffnet, aufzuschreiben, was mich belastet. Lange habe ich mich dagegen gesträubt, Dinge aufzuzählen, die gegen ihn sprechen. Als ich es das erste Mal gemacht habe, habe ich erst mal gecheckt, was er die ganze Zeit mit mir gemacht hat. Ich kann mich noch genau daran erinnern, ich habe eine schier endlose Liste auf der Notizen-App auf meinem iPhone getippt. Ich habe alles aufgeschrieben, was mich wirklich belastet, und als ich bemerkt habe, wie lang diese Liste war, hatte ich einen prägenden Schockmoment.

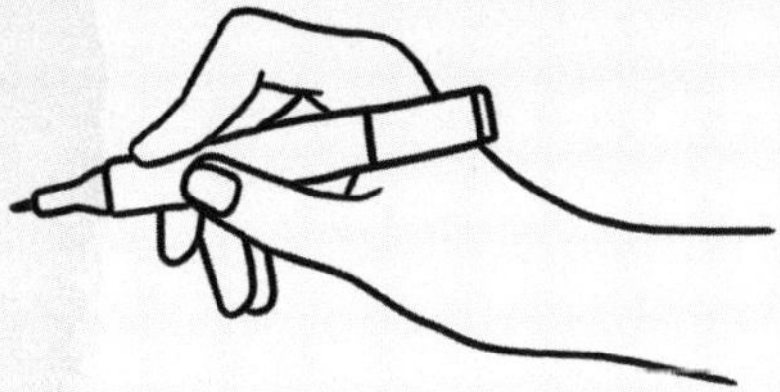

DAS SPRICHT GEGEN MEINE BEZIEHUNG:

Nachricht

Hey Kati,

ich wohne mit meinem Freund zusammen, weit entfernt von meiner Familie. Mein Heimweh wird immer stärker, weil ich mich in dieser Stadt nicht wohl fühle und meine Liebsten so sehr vermisse. Deswegen streiten mein Freund und ich uns ständig. Ich weiß einfach nicht, was ich noch machen soll, denn wenn ich wegziehe, würde das mein Beziehungsende bedeuten. Was soll ich bloß tun?

Katis Antwort

Hallo du Liebe,

danke, dass du dich mir geöffnet hast. Ich kann gut verstehen, dass es eine superschwierige Situation für dich ist. Weißt du, was ein bisschen stutzig macht? Dass du sagst, dass eure Beziehung mit deinem Umzug zum Scheitern verurteilt wäre. Eine Beziehung besteht bis zu einem gewissen Grad aus Kompromissen, und es wäre doch total schade, wenn es genau daran scheitern würde. Seid ihr schon alle möglichen Szenarien durchgegangen? Auch wenn einer von euch bestimmt etwas mehr zurückstecken muss, findet ihr vielleicht eine gemeinsame Lösung.

Hast du mal versucht, in deiner Stadt neue Kontakte zu knüpfen? Hat man erst mal die richtigen Menschen in einem neuen Umfeld gefunden, will man so schnell gar nicht mehr weg. Ich spreche da wirklich aus Erfahrung.

Setzt euch in einer ruhigen Minute noch mal zusammen. Ich bin voller Zuversicht, dass ihr die richtige Entscheidung treffen werdet.

Ich drück dir die Daumen,
deine Kati

BIN ICH IN EINER TOXISCHEN BEZIEHUNG?

Ich wünsche keinem, in einer toxischen Beziehung gefangen zu sein. Doch manchmal übersieht man viele Warnsignale und kommt da auch nicht mehr so leicht raus.

Doch was bedeutet überhaupt toxisch? Toxisch bedeutet nichts anderes als giftig oder schädlich. Dieser Begriff wird oft verwendet, wenn man in einer Beziehung gefangen ist und der Partner emotionalen Missbrauch betreibt.

Das Schlimme hierbei ist, dass die meisten erst ganz spät erkennen, dass sie sich in einer toxischen Beziehung befinden. Ich finde, man übersieht aus Liebe. Manchmal hatte ich bei mir selbst sogar das Gefühl, dass ich diesen Menschen dann sogar noch mehr geliebt habe und ihn noch mehr mit Komplimenten und Geschenken überschütten müsse, damit er wieder liebevoller zu mir ist. So landet man schnell in einem Teufelskreis.

Vielleicht hast du das schon mal gehört: »Oh ne, das ist echt eine Red Flag!« Red Flags sind menschliche Eigenschaften, die gar nicht gehen. Und davon gibt es leider einige. In meinen vergangenen Beziehungen habe ich immer wieder erlebt, wie es sich anfühlt, wenn du einer laufenden Red Flag begegnest. Zum Glück habe ich damals eine Liste geführt, mit Dingen, die absolut unakzeptabel und nicht zu entschuldigen sind. Wenn du eine Red Flag in deiner Beziehung feststellst, zieh frühzeitig die Reißleine und lass dich nicht so behandeln!

Ich wünsche niemandem eine toxische Beziehung, noch nicht mal meinem größten Feind. Denn das kann immense Auswirkungen haben, besonders auf deine nächste Beziehung. Eine toxische Beziehung zerstört dein Selbstwertgefühl komplett, weshalb es dir schwerfällt, überhaupt jemals wieder zu vertrauen. Vielleicht kannst du dich an einige Dinge auch überhaupt nicht mehr erinnern, weil du so viel Schmerz ertragen musstest und somit einiges verdrängt hast.

Damit du nie wieder in eine toxische Beziehung rutschst, bitte ich dich, die Red Flags nicht zu ignorieren. Pass gut auf dein Herz auf und umgib dich nur mit Menschen, die dir guttun. Du hast so was nicht verdient, und ich wünsche dir eine Person an deiner Seite, die dir zeigt, wie schön Liebe sein kann.

Red Flags, die dein Herz brechen

Wenn du eure Beziehung hier wiederfindest, dann renn:

FEHLENDE KOMPROMISSBEREITSCHAFT

Er versucht, dich davon abzubringen, eigene Entscheidungen zu treffen. Sie müssen immer kompatibel mit seinen Entscheidungen sein, und du musst vorher um Erlaubnis bitten.

RESPEKTLOSIGKEIT

Er beleidigt dich, deine Freunde oder Familie.

UNVERHÄLTNISMÄSSIGE EIFERSUCHT

Er möchte nicht, dass du Zeit mit deinen Freunden oder deiner Family verbringst. Er schränkt dein komplettes Leben ein, setzt dich unter Druck und stellt vielleicht sogar Verbote auf.

ABWESENHEIT

Seine Aufmerksamkeit ist immer überall, außer bei dir. Sein Verhalten ist distanziert und kühl.

ÜBERSCHREITUNG DEINER GRENZEN

Er akzeptiert kein Nein von dir.

GEWALT

Dazu zählt nicht nur die körperliche, sondern auch die verbale Gewalt.

FEHLENDE ERNSTHAFTIGKEIT

Er nimmt deine Probleme und Sorgen nicht ernst und spielt sie ständig runter, obwohl du ihm dein Herz ausschüttest.

UNEHRLICHKEIT

Er lügt, und das nicht nur einmal. Wie sollst du jemandem vertrauen können, der dir nicht die Wahrheit erzählt?

LOVE BOMBING

Erst legt er dir die Welt zu Füßen, überhäuft dich mit Geschenken und gibt dir unnormal viel Aufmerksamkeit, dann lässt er dich fallen.

NARZISSMUS

Er erniedrigt dich vor anderen Menschen und lässt sich selbst besser dastehen. In seiner Gegenwart fühlst du dich wertlos. Er nörgelt nur an dir herum. Nie machst du etwas richtig. Er kann sich nur schlecht entschuldigen und sieht sich meistens im Recht. Dich fragen, ob es dir gut geht? Kommt nicht in Frage. Die Aufmerksamkeit muss immer auf ihm liegen.

Wie ziehe ich einen Schlussstrich?

Du weißt gerade nicht mehr weiter und überlegst, die Beziehung endgültig zu beenden? Für immer? Du fragst dich, ob du es bereuen wirst?

Ich kann dich beruhigen, du bist nicht allein mit deinen Gefühlen und Gedanken. Auch ich war in dieser Situation schon einmal. Mehrere Monate lang habe ich mit mir gerungen und hatte Angst, die falsche Entscheidung zu fällen. Tief in mir hatte ich die Hoffnung, dass sich etwas ändern wird. Dass wir wieder dieses glückliche Pärchen von früher werden, habe in Erinnerungen geschwelgt, mir alte Chats durchgelesen und unsere Bilder von früher angeschaut.

Aber weißt du, was der entscheidende Punkt ist? Der Mensch, den du am Anfang eurer Beziehung kennengelernt hast, in den du dich verliebt hast, und die Zeit, die ihr gemeinsam hattet, all das ist nicht mehr vergleichbar mit dem Hier und Jetzt. Bis ich das begriffen habe, musste viel Zeit vergehen, und ich würde lügen, würde ich sagen, dass ich nicht nächtelang deswegen wach gelegen habe. Ich wollte immer glauben, dass dieser Mensch, den ich so liebe, sich ändern wird. Mir zuliebe. Ich meine, die ganzen Gespräche, all die Versprechen konnten doch nicht alle umsonst gewesen sein? Hört er mir denn gar nicht zu, wenn ich ihn um mehr gemeinsame Zeit bitte, damit wir uns endlich wieder näherkommen? Das Traurige daran: Egal wie sehr man hofft, dass sich jemand bessern wird, man selbst wird es nicht schaffen. Die Person muss es alleine von sich aus wollen.

Irgendwann war ich nur noch traurig und erschöpft, von den vielen Diskussionen, von der Hoffnung darauf, dass alles wieder gut werden würde. Resigniert, weil einfach nichts passiert ist. Irgendwann habe ich an mir selbst gezweifelt und alle Probleme bei mir gesucht. Aber das ist auch nicht richtig.

Falls du genau an diesem Punkt bist: Lass mich dir helfen. Ich glaube, die Einsicht, dass die Beziehung an diesem Punkt angelangt ist, ist der wichtigste Schritt dabei. Ich weiß, die Trennung wird dir schwerfallen. Aber wenn du nur noch unglücklich bist und nicht mehr weiterweißt, trotz etlichen Gesprächen, trotz gemeinsamer Arbeit an der Beziehung. Wenn all das nichts mehr bringt, dann ist es das Beste für dich, diesen Cut zu ziehen. Irgendwann wird eine große Last von dir fallen.

Du schaffst das, ich glaube ganz fest an dich!

Ohne dich bin ich viel besser dran

Dachte, dass ich nie mehr lächeln kann

Denn du wolltest mich brechen, wie all deine Versprechen

Ohne dich bin ich viel besser dran

Meine Freunde hatten recht, verdammt

Zu lange vor der Wahrheit weggerannt

Such dir wen anders zum Verletzen, denn das kannst du am besten

Ohne dich bin ich viel besser dran

Aus *Ohne Dich*

UNSENT MESSAGES

♥

UNSENT MESSAGES

Unsent Messages: Nachrichten, die du nie abgeschickt hast und es vermutlich auch niemals tun wirst. Weil du es nicht übers Herz bringst, die Person dich vielleicht blockiert hat oder andere Umstände es unmöglich machen. Es kann hunderte Gründe dafür geben. Aber nichts spricht dagegen, diese Nachricht hier zu verewigen, oder? So kannst du endlich mit der Sache abschließen und deinen inneren Frieden finden.

Ich weiß nicht, wie viele Nachrichten du jemals geschrieben, aber nie abgeschickt hast, oder wie viele dir in Zukunft noch auf der Zunge liegen werden. Vielleicht sind das Liebesbriefe, vielleicht aber auch wütende Zeilen, die du zu Papier bringen willst. Ganz egal, ich habe jedenfalls ein bisschen Platz dafür hier eingebaut. Das musst du nicht alles am Stück ausfüllen, alles ganz in deinem Tempo und nach Bedarf. Wann immer du dich danach fühlst, kannst du hierher zurückkommen und deinen Gefühlen freien Lauf lassen. Ich mach's dir vor, okay?

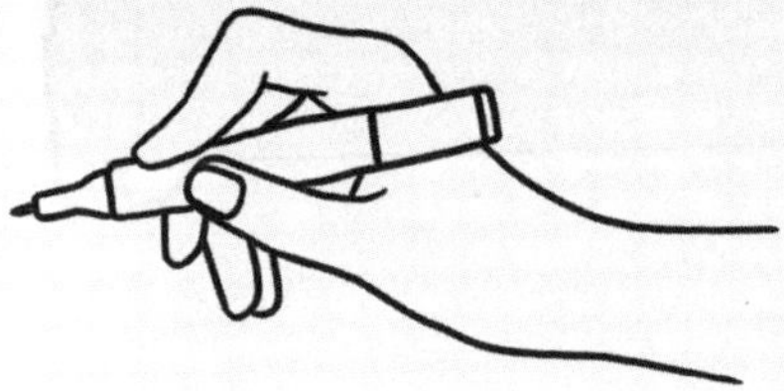

Unsent Message von Kati

An: meine ehemalige beste Freundin

Ich weiß gar nicht, womit ich anfangen soll, außer, dass ich dich immer noch unglaublich lieb habe.

Die Momente, die wir beide zusammen hatten, kann uns keiner nehmen. Unsere spontanen Trips, das erste Mal zusammen feiern gehen und das Fenster nachts offen lassen, damit wir uns heimlich rausschleichen können. Das sind Erinnerungen für die Ewigkeit, und genau deswegen hab ich dich immer noch so lieb.

Ich weiß, es ist viel passiert, und ich weiß, wir haben uns irgendwie voneinander entfernt, ohne dass wir es wirklich gemerkt haben. Und manchmal lieg ich abends im Bett und frage mich, warum wir es verdammt noch mal nicht schaffen, uns wieder anzunähern?
Aber ich glaube, das können wir uns wohl beide nicht erklären. Du hast andere Freunde gefunden, mit denen ich nicht mithalten kann.

Und ja, ich habe auch wunderbare Freunde, aber niemand ist so wie du. Weil sie mit mir diese Dinge nicht erlebt haben.

Du bist einer der besten Menschen, die ich kenne. Du bist so unglaublich hilfsbereit und hast nie schlecht über andere gesprochen. Das habe ich immer so an dir bewundert, wie smart und loyal du bist. Deine gute Laune war ansteckend, selbst wenn ich gerade den schlechtesten Tag überhaupt hatte. Ich will nur, dass du weißt, dass du ein ganz toller und besonderer Mensch bist.

Ich wünsche mir, dass wir unsere Freundschaft irgendwann noch mal aufleben lassen können. Ich weiß, das ist ziemlich unrealistisch, aber man darf ja hoffen.

Deine Kati

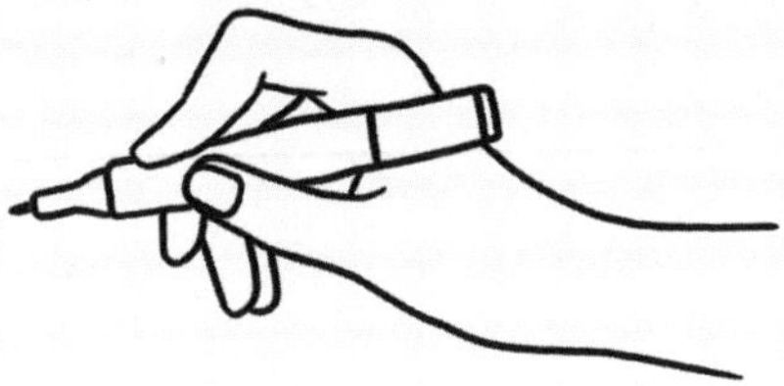

Unsent Messages

AN: ______________________ **DATUM:** ______________

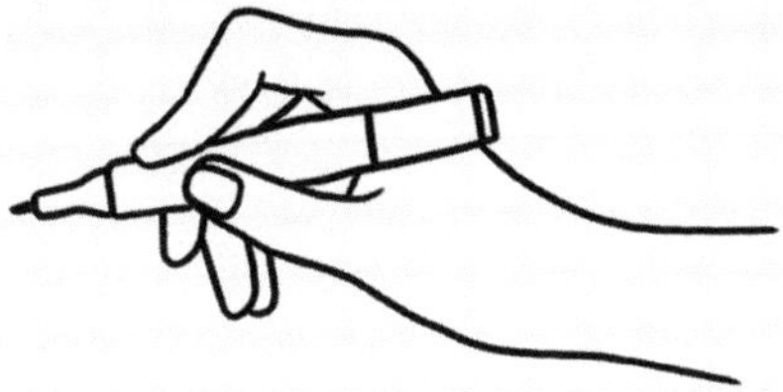

Unsent Messages

AN: ______________________ **DATUM:** ______________

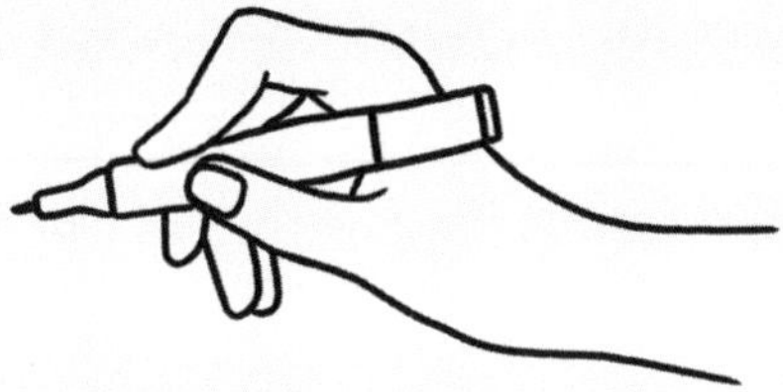

Unsent Messages

AN: ______________________ **DATUM:** ______________

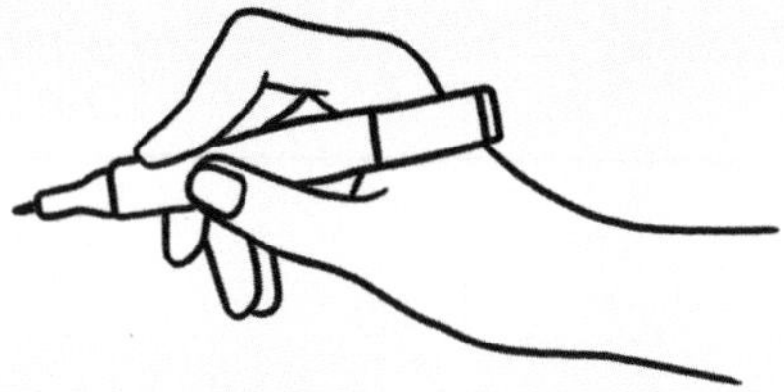

Unsent Messages

AN: ____________________ **DATUM:** ____________

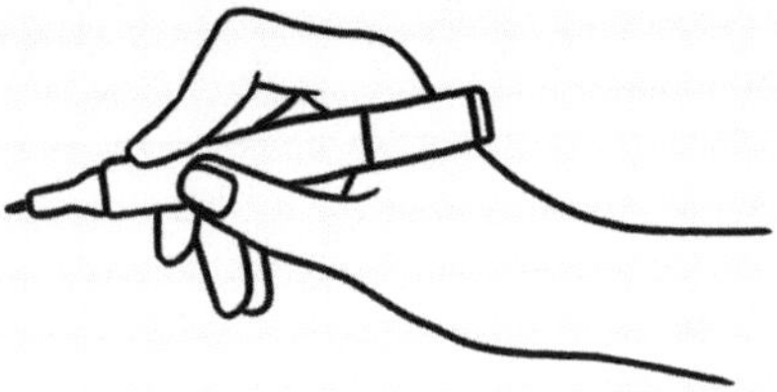

Unsent Messages

AN: ______________________ **DATUM:** ______________

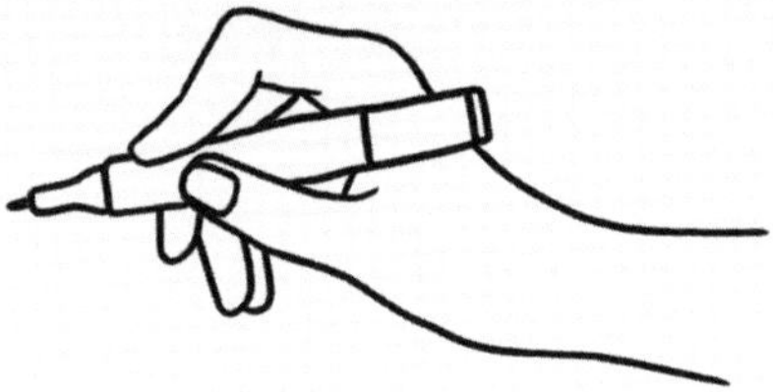

Unsent Messages

AN: ______________________ **DATUM:** ______________

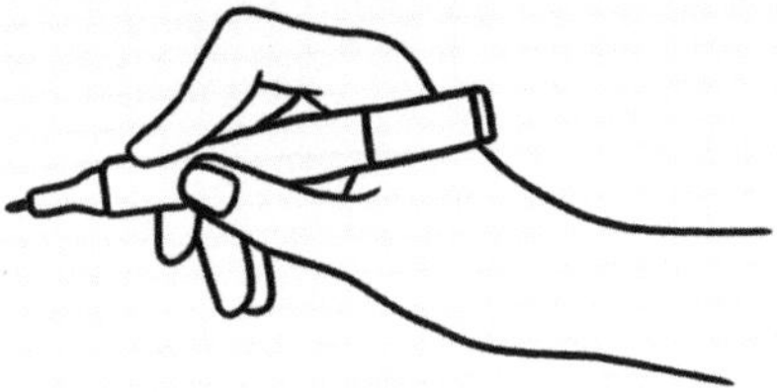

Unsent Messages

AN: ______________________ **DATUM:** ______________

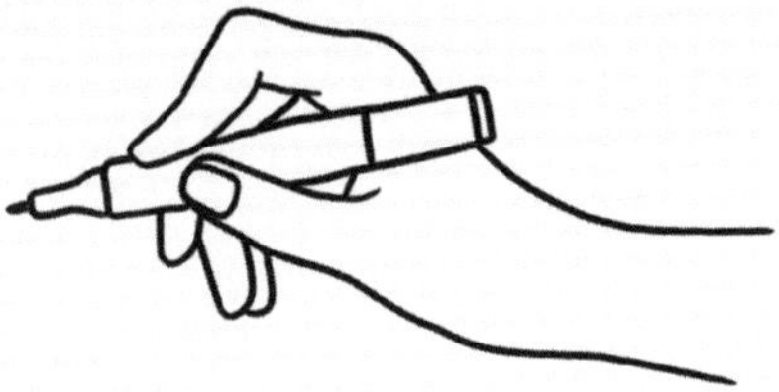

Unsent Messages

AN: ______________________ **DATUM:** ______________

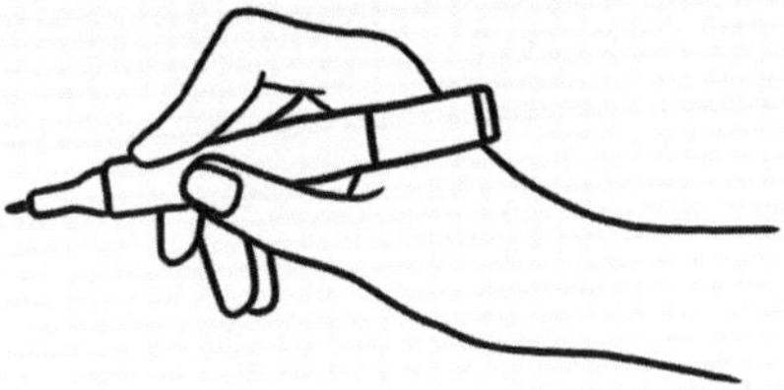

Unsent Messages

AN: ______________________ **DATUM:** ______________

WORTE, DIE DEIN HERZ BERÜHREN

Hat dir in letzter Zeit jemand gesagt, wie toll du eigentlich bist? Nicht? Dann mache ich das jetzt. Ich wünsche mir, dass du dir diese Seite immer wieder aufschlägst, wenn du dich nach Wertschätzung sehnst.

DU HAST EINE SCHÖNE AUSSTRAHLUNG!

DEIN HERZ IST AUS GOLD!

DEINE FREUNDE UND FAMILIENMITGLIEDER
KÖNNEN SICH GLÜCKLICH SCHÄTZEN,
DICH IN IHREM LEBEN ZU HABEN.

WER DICH NICHT SCHÄTZT, HAT DICH
NICHT VERDIENT.

DU KANNST WIRKLICH STOLZ AUF DICH SEIN!
DU STEHST JEDEN TAG AUF UND GIBST DEIN BESTES,
DAS IST DER WAHNSINN!

LIES DAS, WENN DU DICH NICHT GELIEBT FÜHLST

Hallo, du toller Mensch!

Vielleicht hast du dir heute ein Zeichen der Liebe gewunscht. Auch wenn es nur ein paar Zeilen bei WhatsApp sind, eine Guten-Morgen-Nachricht, die deinen Tag gleich ein bisschen besser macht. Vielleicht hätte dir auch ein warmes Lächeln gereicht, von einer Person, die dir nahesteht. Weil es dir vielleicht gerade nicht so gut geht. Aber nein, irgendwie hat heute niemand an dich gedacht, und du hast dich allein gefühlt.

Heute bin ich diese Person für dich, die sich mit dir verbündet, wenn es keiner tut. Ich bin deine beste Freundin, die sich um dich sorgt. Schau mal, das ist meine persönliche Message an dich:

Auch wenn du vielleicht gerade eine schwierige Phase durchmachst, ich bin wirklich stolz auf dich. Halte durch!

LIES DAS, WENN DU GERADE NICHT WEITERWEIẞT

Hallo, du toller Mensch!

Manchmal fühlt man sich einfach überfordert. Dann gibt es ein totales Gefühlschaos, weil du vielleicht eine wichtige Entscheidung treffen musst oder durch einen schlimmen Heartbreak gehst.

Nimm dir die Zeit, um die Situation zu reflektieren. Gibt es einen bestimmten Ort, der dir Ruhe gibt und an dem du dich wohlfühlst? Bei mir ist es ein Park in meiner Nähe. Dort fahre ich immer hin, wenn ich einen Moment für mich brauche und einen klaren Kopf brauche.

Egal wofür du dich entscheiden wirst, eins habe ich gelernt. Hör auf dein Bauchgefühl. Und auch wenn du denkst, dass du dich falsch entschieden hast, dann wirst du irgendwann an einen Punkt kommen, der dir zeigt, warum es genau so richtig war, auch wenn es im ersten Moment nicht danach schien.

LIES DAS, WENN DU GERADE AN DIR ZWEIFELST

Hallo, du toller Mensch!

Manchmal gibt es so Tage, an denen du alles hinterfragst. An denen du dein Outfit und Make-up komplett scheiße findest, du im Streit mit einer Freundin auseinandergegangen bist und die letzte Prüfung verhauen hast. Es ist nicht leicht, an solchen Tagen das Geschehene nicht zu sehr auf sich zu projizieren. Oft ertappst du dich bei dem Gedanken, dass die anderen alle besser, schöner und talentierter sind als du selbst. Aber das stimmt nicht.

Selbst an den traurigsten und blödesten Tagen wirst du dich ab sofort daran erinnern, dass du gut genug bist, okay? Vertrau mir, das macht so viel aus, auch mit deinem Unterbewusstsein. Sich selbst zu lieben und zu akzeptieren ist ein Prozess, aber ich bin an deiner Seite und unterstütze dich. Du bist eine verdammte Queen! <3

LIES DAS, WENN DIR NIEMAND EINE GUTE NACHT WÜNSCHT

Wenn du traumatisierende Erfahrungen mit emotionalem Missbrauch gemacht hast, können einige Passagen in diesem Buch triggernd wirken. Wenn es dir damit nicht gut geht, sprich mit einer Vertrauensperson. Auch hier kannst du Hilfe finden: *www.hilfetelefon.de*

Hallo, du toller Mensch!

Dir hat heute noch niemand eine Gute Nacht gewünscht? I will do it. Falls du diese Seite tagsüber liest, kehre am Abend hierhin zurück.

Ich bin super beeindruckt, wie du diesen Tag gemeistert hast. Wirklich! Und auch du solltest dir selbst dafür auf die Schulter klopfen. Ich hoffe, du hattest einen erfüllenden Tag. Aber auch wenn es heute sehr nervenaufreibend und kräftezehrend war: Du hast es geschafft. Solche Tage gibt es. Und es liegt in deiner Hand, das Beste daraus zu machen.

Jetzt leg dein Handy weg, schmink dich ab, falls du ein Make-up trägst, und mach es dir in deinem Bett gemütlich. Das hast du dir verdient.

Und noch was: Ich habe irgendwie das Gefühl, dass morgen dein Tag wird.

Bis morgen also!

Gute Nacht und schlaf gut. Ich hab dich lieb.